Mediumismus

Der ultimative Leitfaden, um ein spirituelles Medium zu werden und übersinnliche Fähigkeiten wie Hellsehen, Hellfühlen und Hellhören zu entwickeln

© **Copyright 2024**

Alle Rechte vorbehalten. Kein Teil dieses Buches darf in irgendeiner Form ohne schriftliche Genehmigung des Autors reproduziert werden. Rezensenten dürfen in Besprechungen kurze Textpassagen zitieren.

Haftungsausschluss: Kein Teil dieser Publikation darf ohne die schriftliche Erlaubnis des Verlags reproduziert oder in irgendeiner Form übertragen werden, sei es auf mechanischem oder elektronischem Wege, einschließlich Fotokopie oder Tonaufnahme oder in einem Informationsspeicher oder Datenspeicher oder durch E-Mail.

Obwohl alle Anstrengungen unternommen wurden, die in diesem Werk enthaltenen Informationen zu verifizieren, übernehmen weder der Autor noch der Verlag Verantwortung für etwaige Fehler, Auslassungen oder gegenteilige Auslegungen des Themas.

Dieses Buch dient der Unterhaltung. Die geäußerte Meinung ist ausschließlich die des Autors und sollte nicht als Ausdruck von fachlicher Anweisung oder Anordnung verstanden werden. Der Leser / die Leserin ist selbst für seine / ihre Handlungen verantwortlich.

Die Einhaltung aller anwendbaren Gesetze und Regelungen, einschließlich internationaler, Bundes-, Staats- und lokaler Rechtsprechung, die Geschäftspraktiken, Werbung und alle übrigen Aspekte des Geschäftsbetriebs in den USA, Kanada, dem Vereinigten Königreich regeln oder jeglicher anderer Jurisdiktion obliegt ausschließlich dem Käufer oder Leser.

Weder der Autor noch der Verlag übernimmt Verantwortung oder Haftung oder sonst etwas im Namen des Käufers oder Lesers dieser Materialien. Jegliche Kränkung einer Einzelperson oder Organisation ist unbeabsichtigt.

Inhaltsverzeichnis

EINLEITUNG 1
KAPITEL EINS: SIND SIE EIN MEDIUM? 3
KAPITEL ZWEI: ARTEN VON MEDIEN 12
KAPITEL DREI: DER BEGINN IHRER PSYCHISCHEN REISE 21
KAPITEL VIER: IHREN SPIRITUELLEN KÖRPER VERSTEHEN 32
KAPITEL FÜNF: VORBEREITUNG, SCHUTZ UND INTENTION 42
KAPITEL SECHS: ÜBERSINNLICHE FÄHIGKEITEN I:
HELLFÜHLIGKEIT 50
KAPITEL SIEBEN: ÜBERSINNLICHE FÄHIGKEITEN II:
HELLHÖRIGKEIT 58
KAPITEL ACHT: ÜBERSINNLICHE FÄHIGKEITEN III:
HELLSICHTIGKEIT 65
KAPITEL NEUN: KONTAKTAUFNAHME MIT DER GEISTERWELT 74
KAPITEL ZEHN: FINDEN SIE IHRE GEISTFÜHRER 82
KAPITEL ELF: DIE ARBEIT IN SPIRITUELLEN KREISEN 93
KAPITEL ZWÖLF: VERBESSERN SIE IHRE ÜBERSINNLICHEN
FÄHIGKEITEN 99
SCHLUSSBEMERKUNG 107
HIER IST EIN WEITERES BUCH VON MARI SILVA, DAS IHNEN
GEFALLEN KÖNNTE 108
LITERATUR 109

Einleitung

„Wer ist ein Medium?"

Wenn jemand Sie das fragen würde, was würde Ihnen einfallen? Denken Sie nicht nur an Filme, Theaterstücke und fiktive Geschichten. Wie würden Sie ein Medium beschreiben? Wahrscheinlich haben Sie, dank der falschen Darstellung in den Medien, ein falsches Bild von Medien und Mediumismus. Das typische Bild eines Mediums ist das einer einsamen Seele, die in einem abgelegenen steinernen Herrenhaus lebt, umgeben von Geistern und Gespenstern. In den Filmen wirken sie blass und furchterregend und haben ein fast unheimliches Aussehen.

Ein Medium ist jedoch ein ganz normaler Mensch wie Sie und ich. Im Gegensatz zu dem, was viele Menschen aufgrund ihrer Konditionierung glauben, sind Medien respektable Menschen aus verschiedenen Bereichen des Lebens. Die Realität steht im Gegensatz zu dem, was wir alle in unserer Kindheit gelernt haben. Leider sind die Praxis und ihre Praktizierenden einer übermäßigen Dramatisierung zur Unterhaltung ausgesetzt.

Mediumismus bezeichnet die Fähigkeit, zwischen der geistigen und der menschlichen Welt zu vermitteln. Medien agieren als Vermittler zwischen Menschen und geistigen Wesen auf der „anderen Seite". Der Unterschied zwischen Ihnen und einem praktizierenden Medium besteht darin, dass es geschult ist, psychisch auf die physische und geistige Ebene eingestimmt zu sein.

Jeder Mensch hat von Geburt an die Gabe, über diese materielle Welt hinaus in andere Dimensionen zu sehen. Wir neigen dazu, unsere

Verbindung mit dieser natürlichen Gabe zu verlieren, wenn wir älter werden. Je weniger wir die Fähigkeit nutzen, desto mehr vergessen wir die Grundlagen. Wenn wir dann erwachsen sind, haben wir diese Kräfte völlig abgelegt. Medien können immer noch auf diese Fähigkeit zugreifen, und das unterscheidet sie von allen anderen.

Ein Medium ist eine ernsthafte Person mit spirituellem Wissen, Glauben, Wünschen und Geduld, die in dieser Welt etwas bewirken möchte, indem sie sich mit ätherischen Wesen in der metaphysischen Welt verbindet.

Viele Menschen stehen dem Paranormalen skeptisch gegenüber, weil es ihnen schwerfällt, Dinge zu verstehen, die nicht durch die Wissenschaft belegt sind. Es gibt jedoch mehrere bewährte Geschichten und Berichte über Menschen, die tatsächlich Kontakte mit Geistern und der Geisterwelt hatten. Fragen Sie diese Menschen, und Sie werden erkennen, dass die Wissenschaft nicht alle Antworten hat.

Dieses Buch zielt darauf ab, Ihre Wahrnehmung von Medien neu zu definieren und Ihnen zu helfen, Ihre inneren psychischen Gaben zu wecken. Die Fähigkeit, mit Geistern zu kommunizieren, ist nicht weit hergeholt, wenn man im Bereich der Realität und der Möglichkeiten bleibt. Dieses Buch gibt eine realistische Vorstellung davon, wie die Reise für neue Medien aussieht. Es ist als praktischer Leitfaden gedacht und verfolgt einen soliden Ansatz, um die Grundlagen des Mediumismus zu entschlüsseln. Dieser pragmatische und bodenständige Leitfaden ist das richtige Hilfsmittel, um Ihre Selbstentdeckungsreise zu beginnen.

Dieser Ratgeber richtet sich an Menschen, die praktische Tipps suchen, die sie in ihrem täglichen Leben anwenden können, um eine bemerkenswerte persönliche und spirituelle Entwicklung anzustoßen. Es ist für diejenigen gedacht, die ein Hilfsmittel brauchen, das ihr Leben verändern wird. Wenn Sie ein Buch suchen, das Ihnen beibringt, wie Sie Superkräfte erlangen können, ist dies nicht das Richtige für Sie.

Aber wollen Sie ein praktisches Handbuch, das Ihnen helfen kann, die natürliche Gabe des Mediumismus, die in Ihrer DNS verankert ist, zu kultivieren und zu verfeinern? Dann ist dies das richtige Buch für Sie. Bevor Sie beginnen, sollten Sie sich vergewissern, dass Sie bereit sind, anzuerkennen, dass es mehr Dimensionen und Reiche gibt als die, die Sie mit Ihren physischen Augen sehen. Wenn Sie dies akzeptieren, beginnen Sie mit der Einstimmung auf Ihre innere Psyche!

Kapitel Eins: Sind sie ein Medium?

"Wir sind alle mit dem Geist verbunden, in unserer physischen Manifestation und unserer Seele."
—Linda Masanimptewa

Sind Sie ein Medium? Woher wissen Sie, ob Sie mit Geistern und Gespenstern in Kontakt treten können? Gibt es Anzeichen, die Sie beobachten können? Dies sind die wichtigsten Fragen, die Sie beantworten müssen, bevor Sie mit Ihren medialen Fähigkeiten beginnen.

Menschen, die neu in diese Praxis einsteigen, wollen oft wissen, wie sie ihre Gaben stärken können. Was sie nicht erkennen, ist, dass dies nicht der Ausgangspunkt ist. Sie müssen sich zunächst vergewissern, dass Sie tatsächlich die Möglichkeiten haben, ein Medium zu sein. Bevor ich näher darauf eingehe, wie Sie dies herausfinden können, möchte ich klären, was Medien tun.

Wie bereits in der Einleitung erwähnt, können Medien auf psychische Weise mit Verstorbenen auf der anderen Seite kommunizieren. Der allgemeine Glaube, dass Medien mit den Toten sprechen, ist ein Irrglaube. Es gibt keinen „Tod". Die Toten existieren nicht. Wenn der Tod real wäre, würden alle Menschen in der Vergessenheit verschwinden, nachdem ihre Seelen in ein anderes Reich übergegangen sind. Was wir als Tod kennen, ist der Übergang der Menschen von physischen Wesenheiten zu einem spirituellen Zustand.

Medien sind Menschen, die intuitiv und sensibel genug sind, um mit ihren übersinnlichen Sinnen Zugang zu Informationen aus den Dimensionen zu erhalten, in die Geister reisen. Diese ermöglichen es ihnen, jeden Kommunikationsversuch aus den Geisterwelten zu sehen, zu fühlen und zu hören.

Nun ist es an der Zeit, festzustellen, ob Sie mit Geistern in Verbindung treten können oder nicht. Ich habe darauf hingewiesen, dass wir alle mit angeborenen übersinnlichen Fähigkeiten auf die Welt kommen. Aber man kann übersinnlich sein, ohne ein Medium zu sein. Eines der häufigsten Missverständnisse ist, dass Hellseher und Medien das Gleiche sind. Es gibt jedoch einen wesentlichen Unterschied zwischen ihnen. Dies zu verstehen ist die Grundlage dafür, ein authentisches Medium zu werden.

Ein Medium kann übersinnlich sein, aber ein Übersinnlicher ist nicht unbedingt ein Medium. Diese Unterscheidung wird oft ignoriert, sei es absichtlich oder aus anderen Gründen. Ich habe dieses Kapitel damit begonnen, diesen Unterschied hervorzuheben, weil es der richtige Ausgangspunkt dafür ist. Ich habe viele Menschen getroffen, die die beiden verwechseln, und das wirkt sich oft auf ihre psychische Entwicklungsreise aus.

Viele Menschen denken, dass der Mediumismus ihnen in die Wiege gelegt ist, weil sie die Gabe der Intuition besitzen. Tatsache ist, dass man, wenn man nicht von Natur aus ein Medium ist, eine Menge Arbeit in die Entwicklung dieser Fähigkeit stecken muss.

Manche Menschen haben die Gabe des Mediumismus und werden als übersinnliche Medien bezeichnet. Ein übersinnliches Medium hat die doppelte Fähigkeit, mit Verstorbenen zu sprechen und Informationen aus den höheren Ebenen zu erhalten.

Außerdem gibt es Medien, deren Fähigkeiten angeboren sind und Medien, deren Fähigkeiten latent sind. Ein Medium mit angeborenen Fähigkeiten war schon immer im Einklang mit seinen Fähigkeiten. Auch wenn sie sich dessen vielleicht nicht bewusst sind, neigen Medien mit angeborenen Fähigkeiten dazu, während ihrer gesamten Kindheit und bis ins Erwachsenenalter Zeichen zu sehen, die auf diese Gabe hinweisen.

Im Gegensatz dazu ist ein Medium mit latenten Fähigkeiten jemand, dessen Fähigkeiten schlummern, bis sie im späteren Leben entwickelt werden. Die meisten Menschen, die ich getroffen habe, sind Medien mit latenten Fähigkeiten. Typischerweise erhalten diese Menschen von Kindheit an Zeichen und können ihre Fähigkeiten nutzen. Aber wenn sie älter werden, schlummern die Gaben und gehen ihnen verloren.

Jeder, der übersinnlich begabt ist, hat eine Neigung zum Channeling von Geistern. Wenn Sie übersinnliche Fähigkeiten haben, dann können Sie mit Geistern sprechen. Dass Sie von Geburt an hellseherisch veranlagt sind, spielt in diesem Zusammenhang keine Rolle. Was zählt, ist Ihre Bereitschaft zu lernen und Ihr Eifer, es zu versuchen.

Wie man erkennt, ob man ein Medium ist

Die Kommunikation mit Verstorbenen ist das Markenzeichen des Mediumismus. Eine Möglichkeit, dies zu erkennen, ist, wenn Sie in Ihrem Leben bereits Geister, Erscheinungen oder Gespenster gesehen haben.

Der erste Schritt ist ein Blick zurück in Ihre Kindheit. Als Kind müssen Sie bestimmte Ängste gehabt haben. Untersuchen Sie diese. Vielleicht stellen Sie fest, dass Ihre Kindheitsängste mit Ihrer Neigung zu übersinnlichen Fähigkeiten zusammenhängen. Sie könnten ein Medium sein, wenn:

- Sie als Kind Angst vor der Dunkelheit hatten. Normalerweise haben prädisponierte Kinder eine anhaltende Angst vor der Dunkelheit, die aus ihrer unterbewussten Wahrnehmung des Paranormalen resultiert.
- Sie aufgrund von Albträumen nicht gerne alleine in einem Zimmer schlafen.

Denken Sie dann an Ihr Spielverhalten als Kind. Was haben Sie gerne gemacht? Wenn Sie sich nicht erinnern können, fragen Sie Ihre Eltern. Ohne es zu merken, haben Sie vielleicht individuelle Erfahrungen gemacht, die ins Übernatürliche tendieren. Fragen Sie Ihre Eltern, ob Sie einen imaginären Freund hatten, als Sie aufwuchsen. Wenn die Antwort „Ja" lautet, könnte das bedeuten, dass Sie damals immer mit einem freundlichen Geist (oder Geistern) zu tun hatten. Oft sehen Erwachsene, dass ihre Kinder scheinbar allein interagieren, und schließen daraus, dass sie „imaginäre Freunde" haben.

Untersuchen Sie Ihre Interessen – Wenn Sie ein starkes Interesse daran hatten, Bedeutung und Religion zu verstehen, könnte dies ein weiteres Zeichen für Ihre übersinnliche Verbindung sein. Als Kind haben Sie vielleicht:

- Ihre Eltern oder Erziehungsberechtigten gebeten, Ihnen verschiedene religiöse Überzeugungen zu erklären.
- an Aktivitäten teilgenommen, bei denen mit übersinnlichen Hilfsmitteln wie Tarotkarten oder einem Ouija-Brett gespielt wurde.
- Bücher gelesen, die sich mit spirituellen oder übernatürlichen Themen befassen.

Je älter Sie werden, desto deutlicher werden die Zeichen. Denken Sie über Ihr mittleres Alter nach. Medien neigen dazu, Auren und Symbole um lebende Menschen und Gegenstände zu sehen. Eine Aura ist ein unsichtbares Energiefeld, das alles im Universum umgibt. Die meisten Menschen können die Aura nicht sehen, aber diejenigen, die in Kontakt mit ihrer übersinnlichen Seite sind, können es. Eine Aura zu sehen ist ein Zeichen von Hellsichtigkeit, einem der wichtigsten übersinnlichen Sinne, die Medien haben. Denken Sie also an die Dinge, die Sie um andere herum sehen.

Verstehen Sie das Gefühl, das Sie haben, wenn Sie mit anderen Menschen zusammen sind. Können Sie die Anwesenheit von Menschen in einem Raum spüren, noch bevor Sie sie sehen? Wenn Sie das können, ist das ein Zeichen dafür, dass Sie hellfühlig sind. Wie die Hellsichtigkeit ist auch die Hellfühligkeit ein dominanter übersinnlicher Sinn bei Medien. Es ist die Fähigkeit, die Energie und die Stimmungen der Menschen zu fühlen oder zu spüren. Als Hellsichtiger:

- haben Sie eine ausgeprägte Intuition für die Gefühle, Gedanken und Stimmungen der Menschen.
- fühlen Sie sich mit deren Gefühlen und Erfahrungen einer anderen Person verbunden, wenn Sie einen Gegenstand berühren oder in der Hand halten, der ihr gehört.

Die meisten Medien haben persönliche Erfahrungen im Zusammenhang mit dem Tod. Durch eine Nahtoderfahrung entdecken Menschen ihre Gabe. Wenn Ihnen das noch nie passiert ist, denken Sie an die geliebten Menschen, die Sie verloren haben. Wenn Sie mediale Kräfte haben, kann der Verlust eines geliebten Menschen seltsame Ereignisse auslösen.

Ein Beispiel dafür könnten seltsame Empfindungen und Gefühle sein oder etwas so Abweisendes wie plötzlich zugeschlagene Türen. Nehmen wir an, Sie haben schon einmal etwas Ähnliches erlebt. In diesem Fall könnte es der Geist Ihres verstorbenen geliebten Menschen gewesen sein, der versucht hat, mit Ihnen zu kommunizieren.

Die eigene Gabe zu erkennen, ist keine leichte Aufgabe. Es ist ein langer und komplizierter Prozess. Viele Menschen sind sich ihrer Fähigkeiten noch nicht bewusst. Manchen Menschen wird ihre Gabe vielleicht erst in einem bestimmten Alter bewusst. Die meisten haben Erfahrungen, von denen sie glauben, dass sie allen anderen bekannt sind.

Angenommen, Sie spüren und fühlen ständig Dinge, die Ihnen kaum etwas bedeuten. Dabei könnten sie im Leben der Menschen um Sie herum einen Unterschied machen. Die Botschaften, die Sie von Geistern erhalten, können etwas mit Ihnen zu tun haben, das ist aber nicht zwingend der Fall. Manchmal wählen die Seelen bestimmte Menschen aus, um ihnen Botschaften zu übermitteln, weil sie für sie zugänglich sind.

Vielleicht trifft keines der oben genannten Zeichen auf Sie zu - das ändert nichts an Ihrem Potenzial, begabt zu sein. Es bedeutet nicht, dass Sie die Fähigkeit nicht haben - es zeigt nur, dass Sie Ihr Unterbewusstsein anzapfen und diesen Teil von Ihnen erwecken müssen.

Jeder kann sich mit seinen verstorbenen Angehörigen verbinden. Der Geist ist immer bereit, mit jedem zu kommunizieren. Sie müssen sich selbst offener für die Verbindung machen. Dazu müssen Sie Ihr Bewusstsein stärken und den Dingen um Sie herum mehr Aufmerksamkeit schenken.

Bestimmte Dinge können Ihnen wie ein Zufall oder eine seltsame Begebenheit vorkommen, aber wenn Sie aufmerksam sind, werden Sie feststellen, dass sie Sie an jemanden erinnern, den Sie verloren haben. Dies sind oft Zeichen und Symbole. Wenn Sie nicht in Ihre Umgebung eintauchen, werden Sie diese Hinweise des Geistes nicht wahrnehmen.

Nicht alle Medien kennen ihre Fähigkeiten. Manche brauchen einen kleinen Anstoß, um ihr Potenzial zu wecken. Wenn Sie zu dieser Kategorie gehören, gibt es Dinge, die Sie tun können, um Ihre übersinnlichen Muskeln zu entdecken. Wissentlich oder unwissentlich haben Sie vielleicht sogar Dinge getan, um Ihre intuitiven Sinne zu aktivieren.

Das größte Hindernis, das einen Menschen davon abhält, seine Gaben zu entdecken, ist Angst. Angst hindert Sie daran, sich für Ihre angeborenen Fähigkeiten zu öffnen. Sobald sie übernatürliche Zeichen sehen, bekommen viele so viel Angst, dass sie es unbewusst ausblenden. Aber es ist wichtig zu verstehen, dass diese Erfahrungen nicht beängstigend sind. Sie sollten sich nicht vor dem fürchten, was Sie nicht begreifen. Versuchen Sie stattdessen aktiv, einen Sinn darin zu sehen.

Hellseherische Fähigkeiten sollten Ihnen keine Angst einjagen. Sie sind dazu da, Sie auf dem Weg zum Erwachen und zu einem höheren Bewusstsein zu unterstützen. Der erste Schritt zur Ausschöpfung Ihres Potenzials besteht also darin, sich den Möglichkeiten zu öffnen. Nehmen Sie Ihre jenseitigen Fähigkeiten an. Lassen Sie das Universum wissen, dass Sie bereit sind, Ihre Gaben zu erforschen. Lassen Sie nicht zu, dass Angst Ihre Reaktion auf das Wissen über das Ätherische bestimmt.

Das Zweite, was Sie tun können, ist, sich mehr auf die Energie einzustellen. Wenn man jemandem begegnet, der neu ist, bekommt man eine „Schwingung". Die „Schwingung" ist in diesem Zusammenhang die Energie. Jeder Mensch hat die intuitive Fähigkeit, die Energie eines anderen zu spüren. So können Sie feststellen, ob der Fremde, den Sie treffen, vertrauenswürdig ist oder nicht.

Die Schwingungen einer Person zu spüren, ist eine Manifestation Ihrer inneren psychischen Intuition. Es zeigt, dass Sie diese Fähigkeit tatsächlich haben und sie mehr trainieren müssen. Alles, was Sie tun müssen, ist, diese Fähigkeit zu stärken. Fordern Sie sich also selbst heraus, die Energie anderer Menschen gezielt zu lesen und zu interpretieren. Schauen Sie über das Äußere und die Veranlagung hinaus, um die wahre Person zu finden. Wenn Sie die Energie einer Person anzapfen, erhalten Sie mehr Informationen über sie, als Sie sonst irgendwo finden können.

Wie, werden Sie sich fragen? Seien Sie in ihrer Gegenwart und achten Sie darauf, wie Sie sich fühlen. Verstehen Sie, wie das auf die Person wirkt. Dazu müssen Sie die Person nicht einmal sehen oder mit ihr interagieren. Wenn Sie z. B. in einer Warteschlange vor einem Kino stehen, zapfen Sie bewusst die Energie der Menschen um Sie herum an und sehen Sie, was Sie finden. Beginnen Sie dann ein Gespräch, um die Ergebnisse Ihrer kleinen Energiesonde zu überprüfen.

Hellsichtigkeit ist eine der vorherrschenden übersinnlichen Fähigkeiten bei Medien. Das Üben des Hellsehens ist eine weitere Methode, um Ihre inneren Potenziale anzuzapfen. Eine der besten Möglichkeiten zum Üben ist die Übung des Fernblicks. Sie üben, Dinge aus der Ferne zu „sehen". Wann immer Sie einen neuen Ort besuchen müssen, versuchen Sie es mit einer Fernbetrachtung vor Ihrem Besuch. Schließen Sie die Augen und stellen Sie sich den Ort in Ihrem Kopf vor. Versuchen Sie, diesen Ort zu „sehen", und notieren Sie dann, was vor Ihrem geistigen Auge erscheint.

Wenn Sie später an den Ort kommen, vergleichen Sie Ihre imaginäre Beschreibung des Gebiets mit dem tatsächlichen Aussehen. Seien Sie nicht überrascht, wenn Sie feststellen, dass Sie einige der Formen oder Merkmale richtig erkannt haben. Ihre Visualisierung kann sehr genau sein, denn bestimmte Dinge befinden sich genau an den Stellen, an denen Sie sie sich vorgestellt haben.

Um sich weiter auf Ihre Gaben einzustimmen, erleichtern Sie den Kontakt mit Geistführern. Geistführer sind höherdimensionale Wesen, die Ihnen auf einzigartige Weise zugewiesen sind. Sie sind da, um Sie bei allen Ihren Bemühungen zu unterstützen und zu leiten, und viele haben mehrere Leben auf dieser Ebene überlebt. Sie haben verschiedene Geistführer, von Engeln bis hin zu Geisttieren. Jeder Führer bietet eine besondere Mischung aus Wissen, Weisheit und Fähigkeiten.

Normalerweise bekommt man bis zu sechs Geistführer, die unterschiedlichen Zwecken dienen. Ein Geistführer kann für den Schutz zuständig sein, ein anderer für die Heilung und wieder ein anderer, um Ihnen zu helfen, ein Ziel zu erreichen. Sie sind auch da, um Ihnen bei der Entwicklung Ihrer übersinnlichen Gaben zu helfen. Das ist der Führer, den Sie anrufen müssen, wenn Sie Ihr verborgenes Medium freisetzen wollen. In einem späteren Kapitel werde ich näher erläutern, wie Sie mit Ihren Geistführern in Kontakt treten können.

Vielleicht fragen Sie sich jetzt, warum genau man eine Verbindung mit der Geisterwelt herstellen möchte. Was haben Sie davon, wenn Sie Kontakt zu jenseitigen Wesen aufnehmen? Die Antwort auf diese Frage ist der Kern des Mediumismus.

Als Medium können Sie den Schmerz und den Kummer der Hinterbliebenen lindern. Mit Ihrer Fähigkeit können Sie ihnen Trost spenden. Allein das Wissen, dass die Geister ihrer verstorbenen Angehörigen über sie wachen, kann die Schuldgefühle der trauernden Familien lindern.

Der Mediumismus ermöglicht es Ihnen, für eine verstorbene Seele zu beten oder ihr beim Übergang zu helfen. Manchmal sind Seelen auf der

Erde verankert und können nicht auf die andere Seite übergehen. Das geschieht oft, weil etwas anderes sie hier gefangen hält. Durch die Kommunikation mit einem Medium können diese Seelen das Problem der Verankerung lösen und in den ewigen Frieden übergehen.

Die Tätigkeit als Vermittler zwischen dieser Welt und der Geisterwelt ist eine Möglichkeit, esoterisches Wissen zu erlangen und zu vertiefen. Um ein vollständiges spirituelles Erwachen und spirituelle Erleuchtung zu erlangen, ist das Gespräch mit Geistern, die in anderen Dimensionen gelebt haben, ein guter Anfang. Das *Channeln* von Energien ist auch eine Möglichkeit, einen Dialog mit der metaphysischen Welt herzustellen. Sie können eine Brücke zwischen dieser Welt und der spirituellen Welt schlagen.

In manchen Fällen kommen die Verstorbenen und suchen die Kommunikation mit den Lebenden. Sie tun dies aus verschiedenen Gründen, unter anderem:

- um ihren Angehörigen zu versichern, dass es ihnen gut geht. Dies geschieht meist, wenn die Verstorbenen ihre Seele durch einen Unfall oder andere ebenso traumatische Ereignisse verlieren.
- um den Lebenden Hilfe und Unterstützung zu leisten.
- aus Neugier und Interesse oder
- um ein unvollendetes Geschäft zu Ende zu bringen.

Es gibt noch weitere Gründe, warum Geister mit den Lebenden in Kontakt treten. Dies sind nur einige der häufigsten.

Lassen Sie sich nicht entmutigen, wenn Sie nichts erlebt oder gesehen haben, was im Entferntesten mit übersinnlichen Fähigkeiten zu tun haben könnte. Wahrscheinlich haben Sie schon die eine oder andere Erfahrung gemacht, ohne es zu wissen. Mit den oben genannten Tipps können Sie Ihre übersinnlichen Sinne anzapfen, um eine neue Erfahrung zu machen.

Das Wichtigste ist, sich zu vergewissern, dass der Mediumismus etwas ist, das man für sich selbst will. Suchen Sie in sich selbst nach der Antwort, denn das ist der einzige Ort, an dem Sie sie finden werden. Wenn Sie fortfahren, seien Sie bereit zu glauben und sich für alle Möglichkeiten zu öffnen. Glaube ist wesentlich. Ohne ein solides Glaubenssystem werden Ihr Herz und Ihr Verstand dem Geist verschlossen bleiben, was das *Channeln* unmöglich macht.

Zu guter Letzt sollten Sie sich darüber im Klaren sein, dass es ein langer Prozess ist, ein spirituelles Medium zu werden, der von Ihnen verlangt, zu lernen, zu üben und – was noch wichtiger ist – konsequent zu sein. Das Erlernen einer neuen Fähigkeit erfordert Beständigkeit. Betrachten Sie den Mediumismus als eine neue Fähigkeit, die Sie gerade erst erlernen. Ich garantiere Ihnen, dass Sie Ihre Wahrnehmung und Ihre Vorstellung von diesem Leben völlig neu definieren können, wenn Sie einen bestimmten Wissensstand auf diesem Gebiet erreicht haben.

Das nächste Kapitel befasst sich eingehend mit den verschiedenen Arten von Medien und damit, was jedes Medium einzigartig macht. Woher wissen Sie, welches Medium Sie sind? Finden wir es heraus!

Kapitel Zwei: Arten von Medien

„Mediumismus ist ein Wegweiser, der die Führung derer, die vor uns gegangen sind, nicht nur für die, die hier sind, sondern auch für die, die noch kommen werden, weitergibt."

—Anthon St. Marteen

Der Mediumismus ist weit entfernt von dem, für das ihn die meisten Menschen halten. Er manifestiert sich in den Menschen unterschiedlich. Daher gibt es auch verschiedene Arten von Medien. Obwohl das Ziel darin besteht, Informationen von der geistigen Ebene zu erhalten, sind alle Medien unterschiedlich. Es gibt vier Arten von Medien. Welche Art von Medium Sie werden, hängt von Ihrer dominanten psychischen Eigenschaft ab.

Der Mensch kann auf vier Arten intuitiv sein - durch Gedanken, Gefühle, Energie oder den physischen Körper. Ein Mensch, der durch Gefühle intuitiv ist, ist ein emotionaler Intuitiver. Ein mentaler Intuitiver nimmt Gedanken und mentale Energie auf. Eine spirituelle Intuition erfolgt über das menschliche Energiefeld und eine physische Intuition durch die Aufnahme von Energie in den materiellen Körper. Die meisten Menschen haben alle vier Arten von Intuition. Dennoch neigen sie tendenziell eher zu einer oder zwei als zu den anderen.

Als Medium verbinden und interagieren Sie mit der spirituellen Dimension durch diese intuitiven Kanäle. Ihr Medientyp hängt davon ab, welchen der vier intuitiven Kanäle Sie zur Kommunikation mit der anderen Seite nutzen. Mit anderen Worten: Ihr angeborener intuitiver Typ bestimmt, welche Art von Medium Sie sind. Dies zu wissen ist wichtig, denn es ist der Schlüssel zur weiteren Entwicklung Ihrer Gaben.

Es ist wahrscheinlich, dass Sie einen vorherrschenden Medientyp haben. Dennoch haben Sie wahrscheinlich die ausgeprägten Verbindungsphänomene aller vier Typen erlebt. Im Folgenden finden Sie einen detaillierten Einblick in die verschiedenen Medientypen auf der Grundlage der vier intuitiven Modalitäten.

Emotionales Medium

Ein emotionales Medium nimmt die emotionale Energie von Geistern auf, oft ohne sich dessen bewusst zu sein. Sie können die Bandbreite der Emotionen und Gefühle, die auf der anderen Seite ausgedrückt werden, besser spüren als jeder andere Medientyp. Nehmen wir an, Sie hatten jemals einen Zustrom gesunder, liebevoller Emotionen, ohne die Quelle zu kennen. Dann sind Sie vielleicht ein emotionales Medium.

Sind Sie jemals von einer höheren Liebe überwältigt worden, die von einem anderen Ort zu kommen scheint? Haben Sie ständig lebhafte Erinnerungen an einen verstorbenen geliebten Menschen, die eine starke emotionale Reaktion in Ihnen hervorrufen? Wenn Geister um Sie herum sind, rufen sie Gefühle der Wärme und des Glücks hervor, die Ihnen das Gefühl geben, dass jemand anderes mit Ihnen im Raum ist.

Auf diese Weise stimmen sich die emotionalen Medien auf die Geisterwelt ein. Ohne es zu wissen, stellen sie eine Verbindung zu denjenigen her, die auf die andere Seite übergegangen sind.

Emotionale Medien sind einfühlsam und mitfühlend und haben den starken Wunsch, im Leben anderer etwas zu bewirken. Sie sind im Einklang mit den höchsten Ebenen, wo die göttliche Liebe ihren Ursprung hat. Sie sind in der Regel geborene Empathen, was die Hellfühligkeit zu ihrem vorherrschenden intuitiven Sinn macht.

Als Empath fühlen sie die Emotionen anderer Menschen genauso intensiv wie ihre eigenen, oder das passiert manchmal, wenn sie denken, dass diese Gefühle ihre eigenen sind. Sie können sich nicht nur auf die emotionale Energie und die Gefühle der Wesen der physischen Dimensionen einstimmen, sondern auch auf die Auren der Menschen in den höheren spirituellen Reichen, um Zugang zu emotionalen Informationen zu erhalten.

Emotionale Medien empfangen Botschaften aus der Geisterwelt in erster Linie durch Gefühle und emotionale Empfindungen. Nehmen wir an, Sie sind ein emotionales Medium. In diesem Fall empfinden Sie vielleicht ein plötzliches Gefühl von Wärme in sich. Oder Sie fühlen sich auf unerklärliche Weise glücklich. Wenn dies häufig vorkommt, kann es bedeuten, dass ein fröhlicher Geist versucht, Ihnen oder einer anderen Person, die Sie kennen, eine positive Botschaft zu übermitteln.

Um festzustellen, ob Sie ein emotionales Medium sind, versuchen Sie die folgende Übung:

- Setzen Sie sich bequem auf einen Stuhl oder auf den Boden. Schließen Sie die Augen und atmen Sie ein paar Mal tief durch. Atmen Sie tief ein und aus, bis Sie sich entspannt fühlen.
- Denken Sie an einen geliebten Menschen, der nicht mehr da ist. Sprechen Sie den Namen des geliebten Menschen laut aus, so dass das Universum ihn hören kann. Sie können ihn auch im Stillen sagen. Es ist Ihre Entscheidung, die Sie treffen.
- Atmen Sie weiter, damit Sie entspannt und ruhig bleiben. Spüren Sie die Wärme Ihres Atems, wenn er in Ihren Bauch ein- und ausströmt.
- Öffnen Sie Ihr Herz und rufen Sie den Namen des geliebten Menschen erneut. Hören Sie leise durch Ihr Herz und warten Sie.
- Erlauben Sie Ihrem Herzen, die Liebe und Wärme zu empfangen, die die Seele Ihres geliebten Menschen sendet.
- Achten Sie auf andere Nachrichten, die er möglicherweise sendet.
- Senden Sie ihm ein warmes Gefühl der Liebe aus Ihrem Herzen.

Üben Sie dies jeden Tag, um Ihre Verbindung mit den Verstorbenen und der spirituellen Dimension zu vertiefen. Wann immer Sie ein unerwartetes Gefühl verspüren, nehmen Sie sich Zeit, dieses Gefühl zu beobachten. Versuchen Sie, die Botschaft zu entschlüsseln, die Sie empfangen. Wenn Sie diese Übung in Ihren Tagesablauf einbauen, wird sie Ihre emotionale Verbindung zur anderen Seite stärken. Unbeabsichtigt werden dadurch spirituelle Botschaften für Sie zugänglicher.

Mentales Medium

Obwohl die meisten Menschen immer noch nicht zwischen den einzelnen Medien unterscheiden können, sind Mentalmedien bekannter als alle anderen Medientypen. Als Mentalmedium unterhält man sich unwissentlich mit Geistern in seinem Kopf. Manchmal findet das „Gespräch" in Form einer Vision statt, die sich wie auf einer Filmleinwand abspielt.

Übersinnliche Botschaften über die Gedanken können jederzeit eintreffen. Sie können auftreten, während Sie zur Arbeit fahren oder zum Park laufen. Es spielt keine Rolle, was Sie in diesem Moment gerade tun. Da die Kommunikation über Ihre Gedanken erfolgt, kann nichts die Verbindung einschränken oder begrenzen.

Die Gedanken anderer zu empfangen, ist für einen mental intuitiven Menschen eine Selbstverständlichkeit. Deshalb merken Sie vielleicht nicht einmal, wenn Sie mit Geistern auf der anderen Seite kommunizieren. Sobald Sie erkennen und anerkennen, dass die Gespräche, die in Ihrem Geist stattfinden, mehr sind als ein innerer Monolog, entwickelt sich Ihre Fähigkeit schneller.

Von diesem Punkt aus können Sie Ihre Gedanken von denen eines anderen Wesens oder einer anderen Entität unterscheiden. Vielleicht hören Sie in Ihrem Kopf eine Stimme, die sich wie Ihre eigene anhört, aber das ist wahrscheinlich ein Geist, der versucht, sich mitzuteilen. Die Stimme mag Ihnen wie die eines verstorbenen Familienmitglieds oder eines geliebten Menschen vorkommen. Erinnern Sie sich an die Zeit, als Sie jemanden Ihren Namen rufen hörten, aber niemanden in Ihrer Nähe finden konnten. Das ist ein Beispiel dafür, dass ein Verstorbener seine Stimme in Ihre mentale Auraschicht projiziert.

Mentalmedien haben die Gabe der Präkognition. Diese übersinnliche Fähigkeit ermöglicht es Ihnen, Informationen und Wissen zu erkennen, ohne den Ursprung zu kennen. Die Präkognition als vorherrschende psychische Modalität bedeutet, dass Sie durch Ihre Gedanken mit ätherischen Wesen kommunizieren können. Sie kennen vielleicht die Gedanken, Ideen und Überzeugungen eines geliebten Menschen zu bestimmten Themen, ohne eine klare Vorstellung davon zu haben, woher Sie diese Informationen haben.

Probieren Sie die folgende Übung aus, um festzustellen, ob Sie ein mentales Medium sind.

- Schließen Sie Ihre Augen. Atmen Sie mehrmals tief, öffnen Sie dann Ihre Augen.
- Denken Sie an einen Aspekt Ihres Lebens, zu dem Sie die Meinung eines Wesens aus der spirituellen Dimension hören möchten.
- Schreiben Sie eine Frage oder ein Anliegen auf, worauf Sie Ihren verstorbenen Freund ansprechen möchten.
- Schreiben Sie dann die Lösungen und Möglichkeiten auf, die Sie im Kopf haben. Es geht darum, Ihren Geist zu klären und offen zu sein für die Gedankenenergie, die Sie von der anderen Seite empfangen werden.
- Schließen Sie nun wieder Ihre Augen. Atmen Sie ein paar Mal tief durch, um Ihren Geist zu entspannen.
- Rufen Sie den Namen des geliebten Menschen, mit dem Sie eine Verbindung suchen. Wiederholen Sie den Namen dreimal.
- Stellen Sie Ihre Fragen und wiederholen Sie sie dreimal. Die dreimalige Wiederholung der Frage stellt sicher, dass die Geister Sie richtig hören.
- Konzentrieren Sie sich auf Ihre Gedanken, während Sie sich weiter entspannen. Hören Sie auf jede Nachricht.

Schreiben Sie jeden Gedanken auf, der auftaucht, und achten Sie auf jede Stimme in Ihrem Kopf. Die Gedanken, die auftauchen, sind sehr wahrscheinlich von dem Geist, mit dem Sie kommunizieren.

Beachten Sie, dass sie sich von dem unterscheiden können, was Sie sich vorgestellt oder erwartet haben.

Spirituelles Medium

Spirituelle Medien sind in der Lage, Geister und verstorbene Seelen zu „sehen". Sie kommunizieren in der Regel durch Träume und Tagträume mit der Geisterwelt. Sie können dies tun, weil ihr vorherrschender psychischer Sinn die Hellsichtigkeit ist, was „klares Sehen" bedeutet. Hellsichtigkeit ermöglicht es spirituellen Medien, visuelle Botschaften von der anderen Seite zu empfangen. Spirituelle Medien erhalten in der Regel intuitive Tropfen auf eine Art und Weise, die ich als schwer fassbar beschreiben würde.

Ein spirituelles Medium zu sein bedeutet, dass sich Ihre Verbindung mit den Geisterebenen wie ein Traum anfühlen kann, fast so, als ob Sie sie sich einbilden würden. Mit Hellsichtigkeit als Ihrem wichtigsten übersinnlichen Kanal haben Sie vielleicht Gespenster, Geister und andere ätherische Wesen gesehen und es als eine optische Täuschung abgetan.

Spirituelle Medien verfügen über eine tiefe Weisheit, die es ihnen ermöglicht, Lebenslektionen und Lebensziele intuitiv zu erkennen. Als spirituelles Medium können Sie intuitiv den Sinn Ihres Lebens und das der Menschen in Ihrer Umgebung erkennen. Sie müssen keine Hellseher aufsuchen, um bestimmte Dinge über sich selbst zu erfahren.

Die Gabe des inneren Sehens ermöglicht es Ihnen, Energie zu sehen, sei es im übertragenen Sinne, symbolisch oder realistisch. Sie können verstorbene geliebte Menschen in ihrer geistigen Form sehen. Diese Fähigkeit tritt entweder durch Ihr inneres Sehen oder in Form von durchsichtigen Wesen auf. Manchmal können sie Ihnen auch als dreidimensionale Figuren in dieser Welt erscheinen.

Hier ist eine Übung speziell für die Entwicklung Ihrer Gabe des klaren Sehens und des spirituellen Mediumismus.

- Setzen Sie sich bequem hin.
- Schließen Sie Ihre Augen und atmen Sie tief ein. Dann atmen Sie ebenso tief aus. Wiederholen Sie die Atemübung ein paar Mal, um Ihren Geist zu beruhigen und zu klären.
- Visualisieren Sie eine weiße Energiekugel, die Sie umgibt. Stellen Sie sich vor, dass Sie in diesem weißen Licht verborgen sind.
- Während Sie tief einatmen, stellen Sie sich vor, wie sich die Kugel ausdehnt und sich mit lebendiger Energie füllt.
- Stellen Sie sich einen geliebten Menschen aus der Geisterwelt vor, der in die Kugel kommt. Rufen Sie den Namen der Person, die mit Ihnen im weißen Licht sein soll. Wiederholen Sie den Namen ein paar Mal.
- Atmen Sie weiterhin entspannt, während Sie den Namen des Geistes wiederholen.
- In diesem Moment spüren Sie vielleicht eine warme, kribbelnde Energie, die durch Ihre Nerven fließt. Oder Sie sehen ein Symbol oder ein Bild der Person. Manchmal kann

der Geist auch als ein funkelnder Lichtstreifen erscheinen.
- Sie können versuchen, ein Gespräch mit dem Geist zu beginnen oder sich einfach für die Botschaft zu öffnen, die er oder sie für Sie hat.

Spiritueller Mediumismus ist dasselbe wie heilender Mediumismus. Sie können Ihre Schwingungsebene auf die Höhe des Bewusstseins anheben, wo Sie göttliche Energie aus den spirituellen Reichen *channeln* können. Darüber hinaus können Sie die Energie auf eine lebende Person übertragen, um eine Heilung einzuleiten. Die Standardmethode dafür ist, die göttliche Energie durch Ihren Körper in den Körper einer anderen Person zu leiten.

Viele Menschen glauben, dass Geistmedien die mächtigsten Medien sind, aber kein Medium ist mächtiger als die anderen. Das Ausmaß Ihrer Fähigkeiten hängt ausschließlich davon ab, wie Sie sich selbst schulen. Es hat nichts damit zu tun, wie Sie sich mit der spirituellen Dimension verbinden.

Physisches Medium

Das entscheidende Merkmal physischer Medien ist ihre Fähigkeit, mit Geistern über ihr Bauchgefühl zu kommunizieren. Spirituelle Botschaften werden ihnen in Form von körperlichen Empfindungen übermittelt. Ein hervorragendes Beispiel dafür ist, wenn sich die Härchen auf Ihren Armen aufstellen, wenn Sie an einen verstorbenen geliebten Menschen denken. Vielleicht haben Sie das Bauchgefühl, dass ein verstorbener Freund oder ein Familienmitglied anwesend ist. Vielleicht spüren Sie, dass er oder sie hinter Ihnen steht, oder Sie haben einfach das Gefühl, dass er oder sie eine warme Hand auf Ihrem Rücken hat. Dies sind nur einige Möglichkeiten, wie Geister mit physischen Medien in Verbindung treten.

Angenommen Sie sind ein physisches Medium. In diesem Fall können Sie wahrnehmbar mit Geistern und jenseitigen Wesenheiten interagieren. Verstorbene Seelen haben ein Händchen für Dinge wie blinkende Lichter, Gegenstände, die auf unseren Weg fallen, und grundloses Klingeln an der Tür. Obwohl diese Dinge vielen Medien passieren, treten sie normalerweise häufiger bei physischen Medien auf.

Physische Medien beherrschen die Psychometrie, d. h. die Fähigkeit, die Energie eines Objekts zu erahnen. Wenn man sich das Foto eines Verstorbenen ansieht, kann man als physisches Medium eine Menge

Informationen über ihn erhalten. Wie ist das möglich? Physischer Mediumismus stellt eine engere Verbindung zu den undurchlässigen physischen Schwingungen der Geisterwelt her. Diese Verbindung gibt physischen Medien einen psychischen Vorteil gegenüber allen anderen Arten von Medien.

Informationen, die durch physische Schwingungen intuitiv wahrgenommen werden, kommen als Bauchgefühl oder Wissen, als Gefühl der Anwesenheit eines Geistes oder durch die Gabe des inneren Sehens. Jede Botschaft, die von der anderen Seite gesendet wird, löst bestimmte physische Empfindungen in Ihrem Körper aus, die Sie dazu veranlassen, aufmerksam zu sein.

Im Folgenden finden Sie eine Übung für physische Medien. Probieren Sie sie aus, um das Ausmaß Ihrer physischen Einstimmung auf die unsichtbare Dimension zu überprüfen.

- Suchen Sie einen Gegenstand, der einem verstorbenen Familienmitglied oder Freund gehört. Dieser Gegenstand sollte natürlich etwas sein, das er oder sie zu Lebzeiten sehr schätzten. Es könnte ein Ring oder eine Halskette sein. Sie können auch ein Foto des Verstorbenen für diese Übung verwenden.
- Schließen Sie die Augen und machen Sie eine kurze Atemübung.
- Rufen Sie wie üblich den Namen des Geistes, mit dem Sie Kontakt aufnehmen möchten, oder murmeln Sie ihn leise.
- Öffnen Sie sanft die Augen und starren Sie das Foto oder den persönlichen Gegenstand bewusst an.
- Schärfen Sie Ihr Bewusstsein und achten Sie auf die Empfindungen in Ihrem Körper.
- Vielleicht spüren Sie ihre Anwesenheit oder fühlen, wie ein Energiestrom an Ihnen vorbeizieht. Vielleicht erblicken Sie die Silhouette Ihres geliebten Menschen als einen Streifen aus funkelndem Licht oder Farbe. Vielleicht hören Sie auch seine Stimme.

Auch wenn Sie bei Ihrem ersten Versuch keine Anzeichen für eine übersinnliche Botschaft erhalten, sollten Sie die Übung nicht abbrechen. Versuchen Sie es weiter, bis Sie den ersten Durchbruch haben. Denken Sie daran, dass die Fähigkeit irgendwo in Ihnen steckt. Es geht also nicht darum, sie zu haben – sondern darum, *sie anzuzapfen.*

Wissentlich oder unwissentlich haben Sie vielleicht diese Art von Interaktionen mit Wesenheiten der unsichtbaren Welt erlebt. Woher wissen Sie also genau, welcher Medientyp Sie sind?

Meiner Erfahrung nach lässt sich Ihr Medientyp am besten dadurch entschlüsseln, dass Sie beobachten, welche Erfahrungen Sie häufiger machen als andere. Wenn Sie immer Dinge zu wissen scheinen, die Sie nie im Kopf hatten, könnten Sie ein mentales Medium sein. Wenn nicht, gehören Sie vielleicht zu den anderen Medientypen.

Im Wesentlichen geht es darum, dass Sie durch Ihre Gedanken, Gefühle, Energie und Ihren physischen Körper intuitiv handeln können. Deshalb können Sie jedes Medium sein, das Sie wollen. Erinnern Sie sich daran, dass es in Ordnung ist, wenn Sie für einen Medientyp mehr als für andere prädisponiert sind. Das nimmt nichts von Ihren Fähigkeiten weg. Es bereichert Sie sehr.

In dem Maße, wie Sie sich Ihrer natürlichen Verbindung bewusster werden, werden Sie auch mehr Vertrauen in Ihre medialen Fähigkeiten gewinnen. Das macht es leichter, sie zu verfeinern. Eine wichtige Sache, die Sie nicht vergessen sollten, ist, dass Sie sich niemals mit anderen Medien vergleichen dürfen. Wenn Sie sich das antun, unterminieren Sie Ihr Potenzial.

Wie ich bereits erwähnt habe, ist der Mediumismus eine Fähigkeit wie andere auch. Jeder erlernt eine neue Fähigkeit in seinem eigenen Tempo. Lassen Sie sich also auf Ihrer Reise zur spirituellen Selbstentdeckung nicht ablenken, indem Sie Ihren Erfolg mit dem eines anderen Mediums vergleichen. Konzentrieren Sie sich auf Ihre Gaben und den Unterschied, den Sie damit in Ihrem Leben und im Leben anderer Menschen machen können.

Kapitel Drei: Der Beginn Ihrer psychischen Reise

„Wir erhalten bei einer übersinnlichen Lesung nur das, was für uns in diesem bestimmten Moment am notwendigsten und nützlichsten ist. Nicht mehr. Und nicht weniger."

−Anthon St. Marteen

Intuitive Führung und übersinnliche Fähigkeiten kommen von selbst. Dennoch ist die psychische Entwicklung eine Reise mit einem bestimmten Ziel vor Augen. Das bedeutet, dass es mehrere Wege gibt, die Sie auf Ihrem Weg einschlagen müssen. Es gibt Schritte, die Sie auf dem Weg zur übersinnlichen Entwicklung gehen müssen. Da Mediumismus eine Art von übersinnlicher Fähigkeit ist, ist dieses Kapitel aus einer allgemeinen psychischen Perspektive geschrieben.

Eine psychische Veranlagung zu haben ist ein Zustand des Seins. Es geht weniger um das Tun und mehr um das Sein. Aber die meisten Menschen machen die psychische Entwicklung komplizierter als sie ist. Das geschieht, weil sie als Anfänger keine angemessene Anleitung erhalten haben. Das Wissen über die übersinnliche Reise kann Ihren Weg geradliniger und weit weniger kompliziert machen als für diejenigen, die nicht über dieses Wissen verfügen.

Sie sollten wissen, dass es verschiedene Möglichkeiten gibt, die intuitive Entwicklung in Ihre täglichen Aktivitäten einzubeziehen. Das ist der beste Weg, Ihre Fähigkeiten zu meistern, denn die tägliche Anwendung stärkt Ihr Vertrauen in diese Aktivitäten. Es wäre hilfreich, wenn Sie ein paar Dinge tun würden, bevor Sie Ihre Entwicklungsreise beginnen – grundlegende Dinge, die Sie sonst vielleicht ignorieren. Ich habe sechs Dinge, die ich den Leuten immer empfehle, bevor sie anfangen.

Es mag Sie überraschen, aber als Erstes müssen Sie entrümpeln. Das ist richtig – Sie müssen Ihre physischen und mentalen Räume aufräumen. Ihren Wohn-/Arbeitsbereich und Ihren Geist von Dingen zu befreien, die Ihnen nicht mehr nützen, ist entscheidend für das spirituelle Erwachen. Unordnung fördert die Ablenkung. Erinnern Sie sich daran, dass Konzentration für die psychische Entwicklung wesentlich ist. Sie können nirgendwo Unordnung um sich herum haben. Während Sie Ihren physischen Raum entrümpeln, müssen Sie auch Ihren Geist entrümpeln. Der beste Weg, den Geist von unerwünschten Gedanken und Glaubenssätzen zu befreien, ist, jeden Tag zu meditieren.

Meditation ist Nahrung für die Seele. Es ist eine Praxis des Sitzens in Stille und Einsamkeit, um Achtsamkeit zu erreichen. Lassen Sie während der Meditation Ihre Gedanken frei fließen. Unterdrücken, verdrängen oder verurteilen Sie keinen Ihrer Gedanken. Lassen Sie sie passieren, ohne zu urteilen. Langsam wird Ihr Geist frei von geistigem Durcheinander werden.

Meditation ist ein Weg, sich zu erden, um im Augenblick präsent zu sein – der gegenwärtig und gültig ist – ohne sich um irgendetwas zu sorgen. Wenn Sie in die Gegenwart eintauchen, werden Sie erkennen, dass es keine Angst gibt, sondern nur Liebe. Diese Erkenntnis bietet Ihnen eine lebendigere Verbindung zu Ihrem intuitiven Selbst.

Die Überprüfung Ihrer Überzeugungen ist auch etwas, was Sie tun sollten, bevor Sie Ihre psychischen Praktiken beginnen. Gehen Sie bewusst auf die Reise, die Sie antreten wollen. Seien sie sich dessen gewiss, an das Sie glauben. Erkennen Sie an, dass Sie Ihre Welt und die Welt im Allgemeinen mit Ihrer Energie beeinflussen. Vergewissern Sie sich, dass Ihre Überzeugungen mit dem spirituellen Wachstum und dem Erwachen übereinstimmen, das Sie erleben wollen.

Oft erfordert die intuitive Entwicklung, dass man bestimmte Überzeugungen loslässt, die von Anfang an vorhanden waren. Glücklicherweise ist das die Sache mit dem übersinnlichen Erwachen – zuerst muss man erkennen, dass man die ganze Zeit geschlafen hat.

Erweitern Sie auch hier Ihren Geist für die Möglichkeiten des Weges, auf dem Sie sich befinden. Die Öffnung Ihres Bewusstseins ist der

Schlüssel zur Erreichung einer intuitiven Reise. Ein verschlossenes Bewusstsein kann nicht vom Geist besucht oder beeinflusst werden. Das Ziel eines übersinnlichen Erwachens ist es, Ihnen zu helfen, etwas Neues zu lernen. Das ist unerreichbar, wenn Sie Ihren Geist nicht für Ihr Potenzial und die Bereiche, die Sie erleben, öffnen und erweitern.

Energie umgibt Sie überall, aber Sie werden sie eher draußen finden. Bereiten Sie sich also darauf vor, mehr Zeit im Freien zu verbringen. Geist und Energie warten in der Natur auf Sie. Viele Menschen wollen übersinnliche Fähigkeiten erlangen, aber sie verbringen ihre ganze Zeit drinnen hinter einem MacBook. Wie können Sie sich mit der Welt verbinden, wenn Sie nie Zeit in ihr verbringen?

Die Verbindung mit der Natur ist ein sicherer Weg, um sich auf die Reise vorzubereiten. Bedenken Sie, dass Geister die Natur lieben. Wenn Sie also Zeit in der Natur verbringen, können Sie Ihre psychischen Portale zur Geisterebene verstärken. Legen Sie Ihre mobilen Geräte beiseite, wenn Sie sich mit der Natur verbinden, um Ablenkungen zu vermeiden. Genießen Sie die Stille und Einsamkeit. Sie werden sich selbst überraschen.

Das mag für viele seltsam klingen, aber eine gesunde Ernährung ist für die psychische Entwicklung von entscheidender Bedeutung. Man könnte ein ganzes Buch über die Bedeutung einer gesunden Ernährung für das psychische Erwachen und Wachstum schreiben. Die Lebensmittel, die Sie essen, können Ihre Energiezentren blockieren, was zu einem Ungleichgewicht in Ihrem spirituellen Körper führt. Blockierte Energiezentren machen den freien Fluss der Energie durch Seele, Körper und Geist unmöglich. Dies wiederum führt zu einer Einschränkung Ihrer übersinnlichen Fähigkeiten.

Gesunde Ernährung ermöglicht es Ihnen, mit der göttlichen Kraft und Ihrer inneren Führung in Einklang zu bleiben. Nehmen Sie also stark schwingende Lebensmittel in Ihre Ernährung auf. Nehmen Sie mehr Gemüse und frisches Obst zu sich. Sie halten Ihre Schwingungsenergie hoch und machen es leichter, sich mit dem Geist zu verbinden. Das bedeutet nicht, dass Sie Ihre gesamte Ernährung umstellen müssen, sondern nur, dass Sie mehr Lebensmittel mit hoher Schwingung zu sich nehmen. Beispiele dafür sind Obst, Grünzeug und dunkle Schokolade. Sie werden merken, wie sehr Sie mit Ihren übersinnlichen Fähigkeiten im Einklang sind.

Man kann ein übersinnliches Erwachen nicht erzwingen. Mit den richtigen Tipps und Anleitungen kann jeder ein solches durchlaufen. Aber es gibt keinen definitiven Weg zur Erleuchtung. Man kann seine Fähigkeiten nicht erzwingen, denn man tut nur das, was man tun kann.

Es kann sein, dass Sie zu sehr an der Idee hängen, ein Hellseher, ein Medium oder ein spirituelles Medium zu werden. In diesem Fall sinken Ihre Chancen, dahin zu gelangen, bis sie nicht mehr vorhanden sind.

Als Bonus können Sie Ihre Wartezeit für produktivere Dinge nutzen. „Wartezeit" ist die Zeit, die Sie im Wartezimmer des Arztes oder im Auto verbringen, während Sie darauf warten, dass Ihre Kinder mit der Schule fertig werden. Diese Zeit können Sie effizient nutzen, um Ihre spirituellen Sinne zu entwickeln, insbesondere die Hellhörigkeit. Hellhörigkeit ist die übersinnliche Gabe des „klaren Hörens". Dies zu tun ist besser, als nur herumzusitzen, bis die Kinder aus der Schule kommen oder bis Sie beim Arzt an der Reihe sind.

Wenn Sie all diese Dinge wissen und verstehen, ist es an der Zeit, Ihre spirituelle Reise zu beginnen. Auf Ihrem Weg zu spirituellem Wachstum und Fortschritt müssen drei Dinge immer Ihre Begleiter sein. Dazu gehören Meditation, Visualisierung und Tagebuchführung. Lassen Sie uns der Reihe nach herausfinden, warum sie für Ihre Reise so wichtig sind.

Meditation

Ich habe kurz auf die Bedeutung der Meditation hingewiesen, aber lassen Sie uns tiefer eintauchen. Es gibt viele Vorteile der Meditation für Hellsichtige. Es ist sicher, dass diese Vorteile endlos sind. Es gibt entscheidende Vorteile speziell für diejenigen, die sich auf einer psychischen und spirituellen Entwicklungsreise befinden.

1. Verbinden Sie sich mit Ihrem Höheren Selbst

Ihr Höheres Selbst weiß, wer Sie sind und warum Sie hier auf der Erde sind. Und was noch wichtiger ist, es kennt auch den Zweck Ihrer übersinnlichen Gaben. Meditation ist der beste Weg, um sich mit diesem allwissenden Teil von Ihnen zu verbinden. Wenn Sie meditieren, öffnen Sie Schichten in sich, von denen Sie nicht wussten, dass sie existieren. Es ist eine Möglichkeit, tief einzutauchen und sich auf Ihr inneres Selbst zu konzentrieren. Da Ihr Höheres Selbst der spirituelle Teil von Ihnen ist, bringt Sie die Meditation automatisch dorthin.

2. Entfernen Sie negative Energie

Menschen mit übersinnlichen Fähigkeiten müssen immer positive Energie anziehen. So wie Sie Ihr Haus reinigen, muss auch Ihr Energiefeld täglich gereinigt werden. Meditation ist der beste Weg, um sich von schädlicher und giftiger Energie zu befreien. Es ist ein Weg, innere Spinnweben und Staubwolken loszuwerden, damit Sie Ihren Geist wieder auf das konzentrieren können, was wirklich wichtig ist. Meditieren vertreibt nicht nur Negativität und Toxizität, sondern hebt auch Ihre Schwingungen an. Dies führt zu einem Gefühl der Ruhe und Erdung, das für spirituelle Wesen attraktiv ist.

3. Erzielen Sie emotionales Gleichgewicht

Emotionales Gleichgewicht ist entscheidend, wenn man sich auf einer spirituellen Reise befindet. Auch das ist ein Weg, die eigene Schwingung zu erhöhen. Meditation hilft, den Blick von der Vergangenheit abzuwenden und sich auf die Gegenwart zu konzentrieren, so wie sie ist. Diese neue Perspektive löst ein emotionales Gleichgewicht aus, das zu einer Angleichung Ihres logischen Selbst und Ihres spirituellen Selbst führt. Es ist der Beweis dafür, dass spirituelle Praktiken der Logik in keiner Weise widersprechen. Wenn überhaupt, dann fördern sie den Gebrauch der Vernunft.

4. Erhöhen Sie Ihre Intuition

Intuition ist der Kanal, durch den der nicht-physische Teil von Ihnen mit dem Geist kommuniziert. Tägliche Meditation kann helfen, Ihre Intuition zu verbessern, indem sie die Kluft zwischen Ihnen und Ihrem Höheren Selbst überbrückt.

Die Frage ist: Wie meditiert man?

Sie müssen meditieren, um die oben beschriebenen Vorteile zu erhalten. Wie meditiert man also richtig? Wenn Sie nicht richtig meditieren, können Sie keinen Nutzen daraus ziehen. Wenn Sie noch nie meditiert haben, können Sie mit einer geführten Meditation beginnen, um sicherzustellen, dass Sie es richtig machen. Auf diese Weise machen Sie es sich leicht.

Das Beste daran ist, dass Sie sich keine Gedanken machen müssen und sich um nichts kümmern müssen. Es ist alles für Sie vorgegeben. Befolgen Sie einfach die Anweisungen. Es gibt Apps für geführte Meditationen, die Sie leicht online finden können. Probieren Sie die verschiedenen Apps aus, bis Sie eine finden, die Ihnen zusagt.

Meditieren ist ganz einfach. Suchen Sie sich einen ruhigen und bequemen Ort, an den Sie sich zurückziehen können. Sie können einen bestimmten Bereich in Ihrer Wohnung für die tägliche Meditationspraxis wählen. Es geht vor allem darum, sich im Moment zu erden. Eine Möglichkeit, dies zu tun, besteht darin, sich auf Ihre Atmung zu konzentrieren und Ihre Gedanken ruhig vorbeiziehen zu lassen, ohne sich von Ihrem Atem ablenken zu lassen. Außerdem können Sie sich auch auf ein bestimmtes Mantra konzentrieren. Das Ziel ist es, vollständig in die Gegenwart einzutauchen, so dass Sie alles, was um Sie herum geschieht, wahrnehmen.

Während der Meditation kann es vorkommen, dass Ihre Gedanken zu anderen Dingen abschweifen. Das ist ganz normal. Lenken Sie Ihre Gedanken wieder auf das Objekt der Konzentration, wenn Sie sie abschweifen sehen. Die drei Tipps für die geführte Meditation sind:

- Setzen Sie sich an einen bequemen Platz und setzen Sie sich einen guten Kopfhörer auf.
- Konzentrieren Sie sich ganz auf die geführte Meditation.
- Bringen Sie Ihre Gedanken zurück zum Führer, wann immer sie abschweifen.

Wenn Sie lieber auf traditionelle Weise meditieren möchten, folgen Sie den nachstehenden Schritten.

- Setzen Sie sich ruhig auf einen Stuhl oder auf den Boden. Wählen Sie eine für Sie bequeme Position.
- Erlauben Sie Ihren Gedanken, Ihren Geist zu verlassen. Stellen Sie sich vor, dass sie auf kleinen Wolken von Ihrem Verstand wegschweben.
- Legen Sie die Handflächen auf den Bauch.
- Atmen Sie tief ein und aus. Konzentrieren Sie sich bei jedem Ein- und Ausatmen auf das Heben und Senken Ihres Bauches.
- Tun Sie dies, bis Ihr Geist klar und frei von Unordnung ist.

Wenn Sie dadurch anfällig für ständiges Umherschweifen der Gedanken werden, können Sie beim Einatmen von 100 bis 1 zählen. Sie können auch ein Mantra rezitieren, während Sie meditieren.

Zu den Instrumenten, die die Meditation verbessern können, gehören:

- Meditationsperlen (Malas)

- eine Salzlampe
- ätherische Öle wie Lavendel, Rose, Weihrauch, Patchouli und ein Öldiffusor
- eine Meditationsmatte

Mit den oben genannten Dingen kann die Meditation zu einer unterhaltsamen und erhellenden Erfahrung für Sie werden.

Visualisierung

Die meisten Menschen behaupten, dass Visualisierung nur eine weitere Art der Meditation ist, aber sie ist viel mehr als das. Ja, man kann sie in die tägliche Meditationsroutine integrieren, aber sie kann auch für sich allein stehen. Es geht darum, Bilder und Vorstellungen zu verwenden, um Achtsamkeit zu erreichen. Sie hat alle Vorteile der Meditation, ist aber für die Entwicklung Ihrer Hellsichtigkeit noch wichtiger. Um Ihr inneres Sehen zu erwecken, müssen Sie gezielte Übungen für Ihr geistiges Auge durchführen.

Es gibt verschiedene Visualisierungsübungen, die Sie anwenden können, um Ihre innere Sicht zu schärfen. Sie müssen nicht alle diese Techniken lernen. Wenn Sie sich nur eine oder zwei einprägen, kann das den gewünschten Unterschied ausmachen. Im Folgenden finden Sie zwei Übungen, mit denen Sie Ihr hellsichtiges Auge trainieren können.

Übung 1: Einfache Visualisierung

Bei dieser Übung geht es um die innere Visualisierung. Aber alle Visualisierungstechniken werden in gewisser Weise von innen heraus erzeugt. Der Name lässt vermuten, dass diese grundlegende Methode leicht zu erlernen ist. Aber das hängt von Ihrer Arbeitsmoral ab. Wenn Sie konsequent sind, ist sie leicht zu meistern. Wenn Sie nicht bestrebt sind, konsequent zu sein, kann das Erlernen der Methode eine Herausforderung sein. Übung ist der Schlüssel zum Fortschritt. Selbst wenn es nur fünf Minuten am Tag sind, sollten Sie diese Übung täglich durchführen.

- Suchen Sie sich einen ruhigen und freundlichen Platz, schließen Sie die Augen und beginnen Sie gleichmäßig zu atmen. Konzentrieren Sie sich auf Ihren Atem, wie er ein- und ausströmt. Tun Sie dies mindestens 2 Minuten lang.
- Stellen Sie sich einen Ort in Ihrem Kopf vor – das kann Ihr Lieblingslokal oder Ihre Schule sein. Stellen Sie sich einfach

einen vertrauten Ort vor. Stellen Sie sich selbst an diesem Ort vor und sehen Sie sich um.

- Visualisieren Sie die Szene mit mehr Details. Stellen Sie sich Menschen vor, die vorbeigehen, eine Brise, die weht, oder Vögel, die in den nahen Bäumen zwitschern. Sie können sogar versuchen, mit jemandem zu kommunizieren, der bei Ihnen ist.
- Sobald Sie erfolgreich in dieser Szene interagiert haben, stellen Sie sich vor, wie Sie von diesem Ort in den Raum gehen, in dem Sie gerade Ihre Visualisierungsübung durchführen.
- Stellen Sie sich außerdem vor, dass Sie sich genau an die Stelle setzen, an der Sie jetzt sitzen. Es sollte sich so anfühlen, als hätten Sie gerade Ihr reales Selbst und Ihr imaginäres Selbst verschmolzen.

Verwenden Sie nicht die gleiche Szene für Ihre tägliche Praxis. Sonst gewöhnt sich Ihr Geist an diese Szene. Wenn das passiert, bedeutet das, dass sich Ihr Geist aufgrund der Vertrautheit nicht mehr aktiv an dem Prozess beteiligt. Damit ist der Zweck des Visualisierens verfehlt. Probieren Sie also jeden Tag andere Szenen aus. Je besser Sie in der Visualisierung werden, desto mehr Details können Sie in den Prozess einbeziehen. Das wird Ihr inneres Auge weiter stärken.

Übung 2: Visualisierung des dritten Auges

Diese Übung zielt darauf ab, den inneren Hellseher zu öffnen. Sie ist auch deshalb grundlegend, weil sie vor allem für neue Praktizierende gedacht ist. Achten Sie bei dieser Technik darauf, dass Sie sitzen oder liegen. Wenn Sie dazu neigen, leicht einzuschlafen, setzen Sie sich, anstatt sich hinzulegen.

- Entspannen Sie Ihren Körper, indem Sie Ihre wichtige Atemübung machen.
- Sobald Sie sich körperlich und geistig entspannt fühlen, richten Sie Ihre Aufmerksamkeit auf Ihre Atmung. Stellen Sie sich vor, dass Ihr Atem mit jedem Einatmen und Ausatmen leichter wird. Stellen Sie sich vor, dass beim Ausatmen alle Spannungen aus Ihrem Körper weichen.
- Nach ein paar Sekunden richten Sie Ihre Aufmerksamkeit auf die Stelle zwischen Ihren Augenbrauen. Das ist der Sitz Ihres dritten Auges. Denken Sie daran, Ihre physischen Augen geschlossen zu halten. Benutzen Sie Ihr geistiges Auge, um sich

auf diesen Punkt zu konzentrieren.
- Stellen Sie sich eine Kugel aus leuchtendem violettem Licht um Ihren Kopf herum vor. Stellen Sie sich vor, dass das violette Licht immer größer wird.
- Stellen Sie sich Ihre Zirbeldrüse als einen leuchtenden kleinen Raum in der Mitte Ihres Kopfes vor.
- Stellen Sie sich vor, dass ein funkelndes weißes Licht aus Ihrer Zirbeldrüse strömt. Sie sollten ein warmes, kribbelndes Gefühl im Bereich der Mitte Ihres Kopfes spüren. Das bedeutet, dass Ihr drittes Auge geweckt wird.
- Wenn Sie sich bereit fühlen, Ihre Meditation zu beenden, zucken oder wackeln Sie langsam mit den Zehen und Fingern. Öffnen Sie dann sanft Ihre Augen und atmen Sie ein paar Mal entspannt durch.

Bitte beachten Sie: Wenn sich der Bereich des dritten Auges plötzlich zu unangenehm oder überhitzt anfühlt, unterbrechen Sie die Übung sofort. Sie können auch ein feuchtes Tuch über diesen Bereich legen und Ihr bevorzugtes ätherisches Öl einatmen.

Tagebuchführung

Das Führen eines Tagebuchs ist eine Sache, die neue Intuitive ignorieren, weil sie ihre Bedeutung nicht verstehen. Dennoch ist es ein wesentlicher Bestandteil jeder übersinnlichen Reise. Das übersinnliche Erwachen eines Menschen ist ohne sie nicht vollständig. Es hilft Ihnen, Klarheit zu erlangen, Ihre Intuition zu verbessern und auf Ihrem Weg geistig zu entrümpeln. Dies sind nur einige der häufigsten Vorteile.

Bevor Sie sich mit eigentlichen Mediumismus-Aktivitäten wie dem *Channeln* von Geistern oder Gespenstern beschäftigen, sollten Sie sich ein Tagebuch und Stifte kaufen. Das mag wie ein unwichtiger Schritt klingen, aber ich versichere Ihnen, dass Sie ihn nicht auf die leichte Schulter nehmen sollten.

Kaufen Sie nicht einfach irgendein Tagebuch. Kaufen Sie eines, das Sie anspricht. Wenn Sie sich mit Ihrem Tagebuch verbinden, werden Sie es gerne öffnen und jeden Tag etwas aufschreiben. Ihr Tagebuch ist einzigartig für Sie und ein Mittel, um Ihre Erfahrungen mit der geistigen Welt zu teilen, was bedeutet, dass es Ihren Geschmack und Ihre Persönlichkeit widerspiegeln sollte. Ich empfehle, sich ein himmlisches

Tagebuch anzuschaffen.

Ich sollte anmerken, dass Sie sich kein physisches Tagebuch besorgen müssen. Sie können auch auf Ihrem Telefon oder Computer schreiben. Aber das Schreiben in einem spirituellen Tagebuch ist viel persönlicher. Und es bietet weniger Raum für Ablenkungen. Es sollte nichts geben, was Ihre Gedanken ablenkt, wenn Sie Ihre übersinnlichen Erfahrungen mit der geistigen Welt aufzeichnen.

Wichtig ist, dass das Führen von Tagebüchern ein natürlicher Prozess ist. Erzwingen Sie den Prozess nicht. Es ist in Ordnung, wenn Sie sich am Anfang festgefahren fühlen. Wenn Ihnen das passiert, sollten Sie sich nicht unter Druck setzen. Wenn wir aufwachsen, lernen wir, unsere Worte zu filtern, bevor wir sprechen oder schreiben. Aus diesem Grund fällt es uns schwer, uns mit ungefilterten Worten auszudrücken. Wenn es um spirituelles Tagebuchschreiben geht, ist es wichtig, dass Sie Ihre Filter loswerden. *Kein* Filter ist das, was Sie brauchen.

Sie müssen sich selbst erlauben, in einen Schreibfluss zu geraten. Wenn es nicht gelingt, machen Sie eine Schreibpause, bis Sie es können. Schütten Sie Ihre Gedanken genau so aus, wie sie auftauchen. Zensieren Sie nicht und unterbrechen Sie einen bestimmten Gedanken nicht, nur weil er nicht Ihren Erwartungen entspricht. Wenn Sie Anfänger sind, sollten Sie sich ein Tagebuch mit Schreibanregungen zulegen. So können Sie sicherstellen, dass Sie sich nicht jedes Mal, wenn Sie schreiben müssen, festgefahren fühlen.

Vielen Menschen hilft es, vor dem Schreiben zu meditieren. Ziehen Sie also in Erwägung, Ihr Tagebuch nach Ihren täglichen spirituellen Praktiken zu aktualisieren. Auf diese Weise können Sie auch sicherstellen, dass Sie relevante Informationen für das Tagebuch haben.

In einem Mediumismus-Tagebuch können Sie jeden Schritt (und Fehltritt) auf Ihrer Reise durch den Mediumismus festhalten. Indem Sie Ihre Erfahrungen aufschreiben, können Sie Ihre Fortschritte messen. Und was noch wichtiger ist: Es erleichtert die Analyse der empfangenen spirituellen Botschaften.

Zu Beginn Ihrer Reise in den Mediumismus benötigen Sie vielleicht zusätzliche Hilfe, um Ihre Fähigkeiten zu verbessern. In diesem Fall sollten Sie darüber nachdenken, Pendel, Kristalle, Tarotkarten, Edelsteine oder ein Ouija-Brett bei Ihren Übungen zu verwenden. Dies sind alles psychische Hilfsmittel, die Ihre übersinnlichen Fähigkeiten verstärken und Ihnen helfen können, sich schneller auf sie einzustimmen.

Kapitel Vier: Ihren spirituellen Körper verstehen

„Sie haben keine Seele. Sie sind eine Seele. Sie haben einen Körper."
—C. S. Lewis

In den letzten Kapiteln habe ich das sogenannte „Energiefeld" erwähnt. Nun, in diesem Kapitel geht es um dieses Feld und den spirituellen Körper. Im spirituellen Bereich wird ein Energiefeld Aura genannt.

Jedes Individuum und jedes Objekt im Universum strahlt Energie aus. Eine Aura ist ein elektromagnetisches Feld, durch das Sie spirituelle Energie *channeln* und das jedes lebende und nicht lebende Ding umgibt. Ihre Aura ist eine unsichtbare Projektion Ihrer Lebenskraft. Im Gegensatz zu dem, was viele Menschen denken, handelt es sich nicht um eine einzelne Einheit.

Die Aura besteht aus sieben verschiedenen Schichten, die alle miteinander verbunden sind. Zusammen bilden diese Schichten einen einigermaßen zusammenhängenden Körper. Daher kann es wie eine weniger verfeinerte Form des physischen Körpers aussehen, wenn man die Aura um jemanden herum sieht. Jede Schicht spiegelt einen Aspekt des Lebens einer Person wider.

Die Aura eines Menschen ist ein Zeichen für seine Energie. Sie hat einen großen Einfluss auf die Fähigkeit, sich mit anderen zu verbinden. Normalerweise reicht sie etwa einen halben Meter vom Körper weg, aber diejenigen, die eine Tragödie oder ein Trauma erlebt haben, haben oft eine viel breitere Aura, was bedeutet, dass ihre Aura mehr als einen Meter vom Körper weg reichen kann.

Das Energiefeld ist unsichtbar, so dass die meisten Menschen es bei anderen nicht sehen. Aber diejenigen mit der Gabe der Hellsichtigkeit können die Aura sehen, lesen und interpretieren. Hellsichtig zu sein bedeutet, dass man die Energiemuster, Szenen und Blockaden der Menschen sehen kann, wenn man ihre Aura betrachtet.

Wenn Sie eine Person treffen und ihre „Vibes" (Schwingungen) spüren, ist das die Ausstrahlung ihrer persönlichen Energie, die Sie wahrnehmen. Die Aura ist der Kanal, durch den Sie spezifische Informationen über Menschen erhalten, die Sie nicht kennen. Sie ist der Grund dafür, dass Sie erkennen können, ob jemand vertrauenswürdig ist oder nicht. Wie Sie auf jemanden reagieren, hängt von der Energie ab, die er um Sie herum ausstrahlt.

An diesem Punkt fragen Sie sich wahrscheinlich, was das mit Ihrer Reise zum Mediumismus zu tun hat. Wie ich schon sagte, ist eine Aura eine Projektion oder Manifestation der spirituellen Energie einer Person. Sie können den mentalen, emotionalen, spirituellen und sogar physischen Status einer Person erkennen, indem Sie die Farben ihrer Aura lesen. Von der Form über die Farbe bis hin zum Farbton sind alle Aspekte des Lebensenergiefeldes vorhanden, damit Sie eine Person besser verstehen können.

Wenn Sie als Medium hellsichtig einen Geist sehen, können Sie auch seine Aura sehen. Dadurch können Sie wertvolle Informationen über den Geist erkennen.

Eine der Schichten des aurischen Feldes ist die Astralschicht, die Sie auch als spirituelle Schicht bezeichnen können. Diese Schicht beherbergt Ihren himmlischen Körper oder, wenn Sie es vorziehen, Ihren geistigen Körper. In Ihrer physischen Form können Sie nicht in spirituelle Dimensionen gehen, da diese aus ganz anderen Elementen bestehen. Um nicht-physische Dimensionen zu besuchen, brauchen Sie Ihren Astralkörper. Manche Menschen bezeichnen die Astralform auch als *die Seele*.

Wenn Sie anfangen, Ihre Fähigkeiten als Medium zu entwickeln, wird es viele Situationen geben, in denen Sie sich selbst in eine spirituelle Dimension begeben müssen. Vielleicht, weil Sie mit einem Geist, Ihrem Geistführer oder einem anderen Wesen aus einer höheren Dimension sprechen müssen. Unabhängig vom Grund können Sie nur in Ihrer spirituellen Form astralreisen. Deshalb kann das Verständnis der Funktionsweise der Aura und des spirituellen Körpers für Sie den entscheidenden Unterschied ausmachen.

Zurück zu den Schichten der Aura. Es gibt sieben, wie ich schon sagte. Jede Schicht hat eine einheitliche Farbe, die viel Bedeutung hat, aber es geht noch weiter. Jede Schicht ist auch mit Ihren sieben Energiezentren verbunden, die auch als Chakren bekannt sind.

Die einzelnen Auraschichten variieren in ihrer Größe und Tiefe, und dies hängt von der Person und ihrem Lebensabschnitt ab. Bei einem gesunden Menschen hat die Aura normalerweise sehr helle Farben. Bei einer ungesunden und schwachen Aura hingegen sind die Farben eher trüb. Auch die Größe der Aura kann je nach Gesundheitszustand klein oder groß werden. Dies bedeutet, dass keine zwei Menschen die gleiche Aura haben.

Die sieben Schichten Ihrer Aura pulsieren von Ihrem Körper aus. Die erste Schicht ist diejenige, die Ihrer materiellen Form am nächsten ist, während die siebte die am weitesten entfernte ist. Im Nachhinein betrachtet ist die siebte Schicht diejenige, die Ihrem höheren Bewusstsein am nächsten ist. Sie hat die höchsten Schwingungen, denn je weiter eine Schicht vom physischen Körper entfernt ist, desto mehr nimmt die Schwingung zu.

Einige Schichten können ungerade Nummern haben, während andere geradzahlig sind. Die ungeraden Schichten haben eine bestimmte Struktur und tragen Yang-Energie. Im Gegensatz dazu sind die geradzahligen Schichten eher fließend und tragen Yin-Energie. Zusammen führen sie zu einer Ausgewogenheit und Harmonisierung Ihres Energiefeldes.

Die sieben Auraschichten

1. Die ätherische Schicht: Diese Schicht ist diejenige, die dem materiellen Körper am nächsten ist. Sie ist direkt mit dem Wurzelchakra verbunden. Mit einer bläulich-grauen Farbe können Sie die ätherische Schicht leicht mit Ihren physischen Augen sehen.

2. Die emotionale Schicht: Nach dem subtilen ätherischen Körper folgt die emotionale Schicht. Sie ist die Heimat der Emotionen und Gefühle. Sie ist direkt mit dem Sakralchakra verbunden. Bei den meisten Menschen hat diese Schicht alle Farben des Regenbogens. Wenn man emotionalen Stress erlebt, werden die Farben trüb und dunkel. Man kann den emotionalen Zustand einer Person aus dieser Schicht ablesen. Sie kann auch Informationen über den Zustand der Chakren liefern.

3. Die mentale Schicht: Die mentale Schicht ist der dritte feine Energiekörper der Aura. Sie ist mit Ihrem Solarplexus-Chakra verbunden. Sie zeigt Ihre kognitiven Prozesse und Ihren mentalen Zustand an, was sie zum Sitz Ihrer Gedanken macht. Die Standardfarbe dieser Schicht ist hellgelb.

4. Die Astralschicht: Wenn man von einer spirituellen Schnur hört, die mit allem im Universum verbunden ist, ist die Astralschicht das Erste, was einem in den Sinn kommen sollte. Sie ist der Ort, an dem Sie den Faden bilden, der Sie mit jedem anderen Wesen verbindet. Dieser subtile Körper ist normalerweise hellrosa mit einem rosigen Farbton. Und er ist mit Ihrem Herzchakra verbunden. Sie können Informationen über zwischenmenschliche Beziehungen erhalten, indem Sie die Farben der Astralschicht lesen.

5. Der Ätherleib: Der Ätherleib ist eine nicht-physische Form Ihres Körpers. Sie enthält die Blaupause für Ihren materiellen Körper auf der physischen Ebene. Alles, was auf der physischen Ebene geschieht, wird in Ihrem Ätherleib aufgezeichnet. Die Farbe kann von Mensch zu Mensch variieren. Das Kehlkopfchakra ist mit dieser Schicht verbunden.

6. Die himmlische Schicht: Dies ist die sechste Schicht um Ihren physischen Körper. Sie ist mit dem dritte-Auge-Chakra verbunden. Die himmlische Ebene trägt kraftvolle Schwingungen, daher ist das dritte Auge der Sitz der Intuition. Es ist Ihre Verbindung zum Göttlichen und zu allen anderen höherdimensionalen Wesen. Diese Schicht hat normalerweise eine perlweiße Farbe.

7. Die ketherische Schicht: Die ketherische Schicht befindet sich etwa 90 Zentimeter vom Körper entfernt. Es ist die Schicht, in der Sie mit dem Universum eins werden können. Sie enthält alle Informationen über Ihre früheren Lebenszeiten. Von allen Auraschichten hat diese Schicht die stärksten und kraftvollsten Schwingungen. Sie ist mit dem Kronenchakra verbunden und hat eine goldene Farbe.

Ihre Aura kann sich je nach den Ereignissen in Ihrem Leben verändern. Dennoch haben die meisten Menschen immer zwei Grundfarben um sich herum. Manchmal kann sogar eine nicht authentische Farbe um die Aura einer Person erscheinen. Dies geschieht aufgrund von Umweltproblemen oder Programmierungen. Wenn Sie beispielsweise in einer stressigen Beziehung leben, kann Ihre Aura für die Dauer der Beziehung eine andere Farbe annehmen.

Auch Ihre emotionalen und körperlichen Erfahrungen beeinflussen die Farben in Ihrer Aura. Angenommen Sie haben einen schweren Fall von akutem Schmerz. Dann können sich die Farben in Ihrer Aura entsprechend verändern. Auch ein alkoholbedingter Kater kann Ihre Aurafarben verändern.

Trotz alledem sind einige Farben normalerweise Teil der Aura eines jeden Menschen. Diese Farben stehen bei verschiedenen Menschen für unterschiedliche Dinge, vor allem, wenn sie zusammen mit anderen Farben auftreten. Interessanterweise ändern sich ihre Bedeutungen auch je nach Ton und Schattierung. Ein helles Orange im aurischen Feld hat eine andere Bedeutung als ein dunkles Orange.

Sie müssen diese Informationen im Hinterkopf behalten, wenn Sie Ihre Aura oder die einer anderen Person lesen. Im Folgenden sind die häufigsten Farben in der Aura und ihre jeweiligen Bedeutungen aufgeführt. Beachten Sie, dass diese Farben nicht in einer bestimmten Reihenfolge auftreten und dass sie in jedem der sieben subtilen Energiekörper vorkommen können.

Gelb

Gelb steht für Kreativität, Freundlichkeit und Entspannung. Sie können dies in der Aura einer Person finden, die neugierig und hochinteressant ist. Eine gelbe Aura steht für einen geschäftigen Geist. Jemand mit dieser Aurafarbe hat immer etwas im Kopf. Um damit zurechtzukommen, beschäftigen sich diese Menschen mit Dingen wie Backen, Nähen, Innenarchitektur, Malen und anderen praktischen Formen der Kunst. Diese Farbe konzentriert sich stark auf Freude und ist typischerweise bei intelligenten Menschen zu finden.

Grün

Grün in der Aura einer Person zeigt Mitgefühl, Heilenergie, göttliche Weisheit und eine natürliche Verbindung zu Mutter Erde an. Es ist die Farbe, die man in der Aura von Energie-Heilern findet. Menschen mit dieser Farbe sind innovativ, logisch und visionär. Sie neigen dazu, in ihrer eigenen Realität zu leben. Als Einzelgänger haben sie eine Vorliebe für Einzelaktivitäten. Eine grüne Aura bedeutet, dass die Person fürsorglich, sozial und ein guter Kommunikator ist.

Rot

Rot in einer Aura symbolisiert den Materialismus. Es ist eine Farbe, die sich auf den materiellen Bereich konzentriert. Menschen mit einer roten Aura denken und handeln gerne. Sie sind stark und durchsetzungsfähig, was sie für Führungspositionen geeignet macht. Sie sind auch risikofreudig und intrinsisch motiviert im Leben. Sie lieben es zu gewinnen, weshalb diese Farbe häufig bei Profisportlern und CEOs zu finden ist. Menschen mit roter Aura lieben auch intensive Aktivitäten.

Violett

Umgekehrt steht Violett in der Aura für Intuition, Kreativität und Emotionen. Das erklärt, warum Violett die Farbe des dritten-Auge-Chakras ist, dem Sitz der Intuition im Energiesystem. Wenn Sie Violett in Ihrer Aura finden, bedeutet das, dass Sie die spirituelle Entwicklung ernst nehmen. Es zeigt auch an, dass Sie sanft und spirituell erleuchtet sind.

Blau

Eine blaue Aura kann als das komplette Gegenteil einer roten Aura bezeichnet werden. Genau wie Rot steht Blau für Mitgefühl. Aber es steht auch für eine Tendenz, das Rampenlicht zu meiden. Menschen mit dieser Farbe in ihrer Aura sind von Natur aus selbstlos, was erklärt, warum sie häufig unter Lehrern, Krankenschwestern, Pflegern usw. zu finden sind. Empathen haben typischerweise eine blaue Aura.

Die oben genannten Farben sind die häufigsten, die man in der Aura von Menschen finden kann. Manche Menschen haben mehr pfirsichfarbene Farben, wie rosa, orange, lachsfarben, in ihrem Feld. Farben wie diese symbolisieren eine ganz besondere Art von Kreativität. Sie sind auch sehr stark auf Beziehungen, Spaß und Geselligkeit ausgerichtet. Für Menschen mit einer pfirsichfarbenen Aura sind Familie und Freunde das Wichtigste.

Die Bedeutung der Aurafarben zu kennen, ist nicht ganz so wichtig wie das Sehen der Aura selbst. Um Ihre Aura zu lesen, müssen Sie zuerst lernen, sie zu sehen. Sie können die Aura entweder durch Ihre Hellsichtigkeit oder Intuition wahrnehmen.

Damit Sie oder jemand anderes die Aura spüren oder wahrnehmen kann, ist ein gewisses Maß an Selbsterkenntnis erforderlich. Sie müssen wahrnehmungsfähig genug sein, um das Ende des Selbst und den Anfang eines anderen zu verstehen. Andernfalls kann es sein, dass Ihre Wahrnehmung und Interpretation der Aura von jemandem Ihre

Wahrnehmung von ihm ist.

Einfach ausgedrückt: Sie müssen die Fähigkeit entwickeln, durch sich selbst hindurchzusehen, um das Energiefeld eines anderen Menschen zu erkennen. Sie haben Ihr eigenes Energiefeld, was bedeutet, dass Sie zuerst Ihr eigenes wahrnehmen, bevor Sie das anderer Menschen sehen. Wenn Sie nicht lernen, diese Unterscheidung zu treffen, können Sie Ihre Aura als die einer anderen Person lesen.

Dies kann dazu führen, dass Sie sich ein falsches Bild von der besagten Person machen. Spirituelle Medien brauchen Zeit, um die Fähigkeit der Bilokation zu beherrschen (die Fähigkeit, den eigenen Körper zu verlassen und dabei in der Nähe zu bleiben, um die Umgebung zu beobachten oder wahrzunehmen). Mit dieser Fähigkeit können Sie genaue Auradeutungen vornehmen.

Wie man die Aura sieht

Um Ihre Aura (oder jede andere Aura) zu sehen, müssen Sie sich in der richtigen Umgebung befinden. Anfänger müssen die richtige Voraussetzung haben. Andernfalls üben Sie vielleicht weiter ... und erreichen nichts Greifbares. Ein geeigneter Hintergrund kann für Ihre Übung entscheidend sein.

Um die leuchtenden Farben Ihres Energiefeldes zu sehen, brauchen Sie einen einfarbigen Hintergrund. Versuchen Sie es also in einem Raum mit einer weißen Wand oder einem weißen Hintergrund. Sie können auch einen anderen Hintergrund verwenden. Wenn Sie versuchen, Ihre Aura zu sehen, brauchen Sie einen Spiegel. Falls Sie keinen haben, können Sie versuchen, die Aura um Ihre Hand herum zu sehen, indem Sie sie auf ein weißes Blatt Papier legen.

Die Umgebung, die Sie verwenden, sollte ruhig und angenehm sein. Es sollte ein Ort sein, an dem Sie sich auf die Aura konzentrieren können, ohne abgelenkt oder unterbrochen zu werden. Angenommen, Sie haben bereits einen Teil Ihres Hauses, der für spirituelle Übungen und Praktiken vorgesehen ist, dann wäre dieser Raum der perfekte Ort zum Üben.

Außerdem muss Ihr Standort gut beleuchtet sein. Eine schwache Beleuchtung kann Ihre Fähigkeit, das Energiefeld wahrzunehmen, beeinträchtigen. Das Licht in Ihrem Raum sollte weich sein, ohne zu dunkel oder zu hell zu sein. Es sollte die richtige Menge sein. Damit Sie nicht überanstrengt oder gestresst werden, sollten Ihre Augen mit der

Lichtstärke zurechtkommen. Natürliches Licht ist ideal für die Aurapraxis, aber Sie können auch Lampen oder Kerzen verwenden. Achten Sie nur darauf, dass Sie die richtige Lichtkonzentration haben.

Sobald die Umgebung für die Übung eingerichtet ist, können Sie mit den folgenden Anweisungen fortfahren.

Die Aura einer anderen Person sehen

- Bitten Sie Ihre Testperson, sich vor eine weiße Wand zu stellen. Vergewissern Sie sich, dass die Person bereits weiß, was Sie tun werden. Die Versuchsperson sollte Kleidung ohne Muster tragen, da diese ablenkend wirken können.
- Schauen Sie direkt auf die Person. Entspannen Sie beim Betrachten Ihren Blick. Starren Sie etwa 30 bis 60 Sekunden lang auf einen bestimmten Punkt. Konzentrieren Sie sich auf die Punkte in Ihrem peripheren Blickfeld, aber achten Sie darauf, dass Ihr Fokus ein wenig unscharf ist. An den Rändern können Sie einen verschwommenen Umriss erkennen. Er sollte transparent sein oder wie weißes Licht aussehen. Nach ein paar Minuten kann sich diese Farbe in die Farbe der Aura verwandeln.

Am besten übt man, indem man sich auf einen kleinen Bereich konzentriert. Wenn Sie versuchen, die Aura einer anderen Person zu sehen, wählen Sie einen bestimmten Teil ihres Körpers, z. B. ihren Kopf, als Brennpunkt. Nehmen Sie an, dass Ihnen bei Ihrem ersten Versuch Farben erscheinen. Versuchen Sie nun, die Farben zu bestimmen, die Sie sehen. Denken Sie daran, dass die Farben klar und hell, dunkel, wolkig und trübe sein können.

Beachten Sie, dass Sie die gleichen Schritte durchführen können, um Ihre eigene Aura zu sehen. Stellen Sie sich aber vor den Spiegel und nicht vor eine weiße Wand. Sie können auch mit Ihrer Hand beginnen, wenn Sie versuchen, Ihre Aura zu sehen. Das macht den Prozess für Sie einfacher.

Die meisten Anfänger sehen beim ersten Versuch nicht mehr als eine Farbe. Aber in Ausnahmefällen sehen manche mehrere Farben auf einmal. Je mehr Sie sich darin üben, Auren zu sehen, desto mehr Farbvariationen können Sie erkennen. Das erfordert natürlich ständige Übung.

Sie müssen sich der Nachbilder bewusst sein, wenn Sie das Aura-Lesen ausprobieren. Nachbilder sind in der Regel das Ergebnis des langen Starrens auf einen Punkt. Sie sind die direkte Umkehrung des Objekts, auf das Sie starren, und sie sind keine Auren.

Der Unterschied liegt auf der Hand: Die Bilder erscheinen kurz vor Ihren Augen, unabhängig davon, wohin Sie schauen. Die Farben erscheinen auch in Paaren – schwarz und weiß, orange und blau, grün und rosa, gelb und violett.

Vergessen Sie nicht, alles, was Sie sehen, in Ihrem Tagebuch festzuhalten. Sie können auch zeichnen, anstatt etwas aufzuschreiben. Skizzieren Sie also einen Umriss und schattieren Sie mit den Farben, die Sie sehen, und verwenden Sie dies für eine spätere Analyse. Sie können die Zeichnung Ihrer Testperson zeigen, damit sie weiß, wie ihre Aura aussieht.

Die Aura zeigt manchmal Farben, die man sich nur schwer vorstellen oder künstlerisch nachbilden kann. Wenn Sie solche Farben sehen, versuchen Sie Ihr Bestes, um eine genaue Darstellung zu erhalten. Dann können Sie die Unterschiede zwischen Ihrer Zeichnung und dem, was Sie gesehen haben, verbal beschreiben.

Die Reinigung Ihrer Aura

Manchmal wird die Aura durch die Energie, die sie aufnimmt, giftig und trüb. Wenn dies geschieht, ist die Folge in der Regel eine Störung des reibungslosen Ablaufs des Energiefeldes. Sie müssen dafür sorgen, dass Ihr Energiefeld jederzeit in einem optimalen Zustand ist. Der beste Weg, dies sicherzustellen, ist eine regelmäßige Reinigung. Die Aura-Reinigung ist ein wichtiges Ritual, das Teil Ihrer täglichen oder wöchentlichen Routine sein sollte. Einige nützliche Techniken zur Reinigung der Aura sind:

- Meditation
- Visualisierung
- positive Bestärkung
- das Verbrennen von Salbei
- Energieheilung
- Kristallheilung

Die in Kapitel 3 besprochenen Übungen können Ihnen helfen, Ihre Aura zu reinigen und auszugleichen.

Ihr spiritueller Körper ist genauso wichtig wie Ihr physischer Körper. Wenn Sie sich um Ihre Aura kümmern, können Sie sicherstellen, dass Ihre spirituelle Reise in den Mediumismus ohne Probleme voranschreitet. Ihre Aura zu verstehen und ein Bewusstsein für die Auren anderer Menschen zu entwickeln, kann Zeit brauchen. Aber wenn Sie sich dem Prozess widmen, werden Sie mit der Zeit die Früchte ernten.

Das vielleicht Entscheidendste beim Lesen der Aura ist, dass Ihre Fähigkeit, eine Aura zu sehen, von Ihrem vorherrschenden psychischen Sinn abhängt. Wenn Sie hellseherisch veranlagt sind, werden Sie die Aura eher mit Ihren physischen Augen sehen. Andernfalls können Sie sie durch Intuition wahrnehmen. Wie Sie die Aura sehen, spielt keine Rolle. Was zählt, ist Ihre Interpretation dessen, was Sie sehen.

Kapitel Fünf: Vorbereitung, Schutz und Intention

„Der Geist kann mit uns nur auf der Ebene kommunizieren, auf der wir uns gerade befinden. Unsere geistigen Gewohnheiten bestimmen, was diese Ebene sein wird."

−Anthon St. Maarten

Eines der wichtigsten Dinge, an die man denken sollte, wenn man seine Reise in den Mediumismus beginnt, ist der Schutz. Vielleicht ist das wichtiger als alles andere. Sich auf eine spirituelle Reise zu begeben, ist keine leichte Aufgabe, besonders für Anfänger. Sie wissen nicht, was sie erwartet. Die spirituellen Dimensionen sind anders als die, die Sie bereits kennen.

Um sich mit dem Geist zu verbinden, müssen Sie die Kontrolle loslassen und sich Ihren Gefühlen in einem angemessenen Umfang hingeben. Das ist für viele schwierig. Und wenn man es nicht richtig macht, kann es auch nach hinten losgehen. Ganz gleich, ob Sie eine Geisterwelt besuchen oder einen Geist in die materielle Welt *channeln* wollen, Sie müssen sich auf diese Erfahrung vorbereiten.

Eine gute Vorbereitung ist nicht nur physisch, sondern auch spirituell. Meditieren ist eine Möglichkeit, sich auf die spirituelle Reise vorzubereiten, aber es ist nur ein grundlegendes Ritual. Sie müssen viel mehr tun, als nur zu meditieren. Egal, ob Sie alleine arbeiten oder von einem Geistführer oder einer anderen Person unterstützt werden, eine rituelle Reinigung ist das Erste, was Sie tun, um sich vorzubereiten.

Die rituelle Reinigung ist eine symbolische Art und Weise, alte und giftige Energie loszuwerden, um ein Ziel für Ihre spirituelle Reise zu setzen. Jeden Tag begegnen wir Negativität in Form von Klatsch, Arbeitsstress, Trennungen und anderen Dingen. All dies kann zu einer spirituellen Energieblockade führen, wenn Sie zulassen, dass sie an Kraft gewinnt. Wenn Sie sich mit so vielen Energieblockaden auf eine spirituelle Reise begeben, kann dies Sie daran hindern, Ihre Ziele zu erreichen.

Der Zweck der spirituellen Reinigung ist es, all die Negativität aus Ihrem spirituellen Körper zu entfernen, damit Sie in der höchstmöglichen Schwingung sein können. Es ist ein Weg, Ihre Kraft zurückzugewinnen und sich auf das vorzubereiten, was kommen wird.

Um sich auf die geistige Reinigung vorzubereiten, müssen Sie ein Bad nehmen. Ein Bad bezieht sich in diesem Zusammenhang nicht auf Ihre normale Reinigungsroutine. Sie müssen Badesalz in Ihr Badewasser geben. Salz gilt als ein traditionelles Reinigungsmittel. Es wird angenommen, dass man damit negative Geister und Energien loswerden kann. Ihr Badewasser sollte heiß und dampfend sein.

Während Sie im Wasser baden, denken Sie an bestimmte Bereiche in Ihrem Leben, die von Toxizität und Negativität befreit werden müssen. Meditieren Sie über die Dinge, die Ihre Energie zu blockieren scheinen. Denken Sie über alles nach, was losgelassen werden muss, damit Sie Ihren Geist reinigen können.

Erwägen Sie, alles aufzuschreiben, was Ihnen in den Sinn kommt. Tragen Sie alles in eine Liste ein. Stellen Sie sich dann vor, dass die Negativität in Form von Staubwolken, die sich mit dem Wind verziehen, aus Ihrem Leben verschwindet. Sagen Sie dabei ein Mantra, das für das steht, was Sie tun wollen. Ein Beispiel für ein gutes Mantra ist „Ich lasse negative Energie aus meinem Leben und meinem Körper los. Ich befreie mich von ihrem Einfluss auf mich. Ich gewinne meine Kraft zurück. Ich gewinne die Stärke meines Geistes zurück."

Danach verbrennen Sie das Papier mit der Liste. Sie können ein Streichholz, ein Feuerzeug oder eine Kerze verwenden, um das Feuer zu entfachen. Achten Sie darauf, dass Sie dies an einem Ort tun, an dem es unwahrscheinlich ist, dass Sie ein Feuer auslösen. Ein guter Platz ist im Badezimmer, über dem Waschbecken oder der Badewanne. Stellen Sie einen Teller darunter, damit Sie die Asche auffangen können. Verstreuen Sie sie dann draußen.

Rezitieren Sie „Ich bin gereinigt und befreit durch die Flamme. Mein Geist ist gereinigt", während das Papier verbrennt und Sie die Asche nach draußen streuen. Stellen Sie sich beim Rezitieren vor, wie die Negativität aus Ihrem Geist verdampft.

Wenn Sie das rituelle Bad durchgeführt und sich gereinigt haben, um sich auf die Verbindung mit der spirituellen Dimension vorzubereiten, müssen Sie als Nächstes Ihre Absicht festlegen.

Viele Menschen unterschätzen die Bedeutung der Absichtserklärung bei spirituellen Bemühungen. Sie verstehen nicht, dass sie den entscheidenden Unterschied auf ihrem Weg ausmachen kann. Vielleicht liegt es daran, dass die meisten Menschen Absicht und Ziel verwechseln. Das Setzen einer Absicht unterscheidet sich vom Setzen von Zielen für die spirituelle Verbindung, die man herstellen möchte.

Manche Leute denken, dass das Loslassen der Kontrolle gleichbedeutend damit ist, dass man kein festes Ziel für sein Handeln hat. Das ist falsch. Eine Absicht zu haben ist der Schlüssel, um geerdet zu bleiben, wenn man sich verwirrt fühlt. Sie ist wie ein Floß – etwas, an dem man sich festhalten kann, während man mit der spirituellen Dimension verbunden ist.

Es ist normal, dass man auf einer spirituellen Reise flüchtige Momente der Verwirrung erlebt. Man kann nicht immer alles geistig verarbeiten. Wenn man versucht, es intellektuell zu verarbeiten, kann einem der Kopf explodieren. Aber wenn Sie eine Absicht haben, haben Sie keinen Grund, sich Sorgen zu machen, denn Ihr Geist wird am richtigen Ort bleiben.

Die Frage ist, wie Sie sich eine klare Absicht setzen, die als Floß in der spirituellen Welt dienen kann. Denken Sie daran, dass die Absicht auch offen genug sein muss, um jede Art von Erfahrung, die Sie in der spirituellen Welt machen, mit einzubeziehen.

Zum einen müssen Sie zwischen Ihren Absichten und Zielen unterscheiden. Machen Sie sich klar, dass das zwei verschiedene Dinge sind. Aus persönlicher Erfahrung kann ich bestätigen, dass eine Absicht viel besser geeignet ist, geistiges Wachstum zu ermöglichen. Ziele sind auf bestimmte Ergebnisse fixiert, die Sie innerhalb eines bestimmten Zeitraums erreichen wollen. Sie sind in der Regel schwarz oder weiß – entweder dies oder das. Es gibt kein Dazwischen, aber wenn Sie bedenken, dass Sie sich in Gewässern bewegen, in denen Sie noch nie zuvor gewesen sind, werden Sie sehen, warum es sinnvoller ist, sich eine

Absicht zu setzen, anstatt sich Ziele zu setzen.

Die Absicht festlegen

Eine Absicht zu formulieren, mag einfach erscheinen, aber es erfordert Arbeit. Zunächst müssen Sie die Frage beantworten, was Sie wissen wollen. Welches Wissen suchen Sie von der geistigen Welt? Sie brauchen vielleicht etwas Zeit, um darüber nachzudenken und die bestmögliche Antwort zu finden. Sie müssen transparent sein, wenn Sie Ihre Absicht festlegen.

Sobald Sie Ihre Absicht kennen, müssen Sie daran arbeiten, Ihr bestes Selbst für die bevorstehende Reise zu sein. Eine Möglichkeit, die ich empfehle, ist, viele spirituelle Aktivitäten in Ihren Tagesablauf einzubauen. Beginnen und beenden Sie Ihren Tag mit einer Meditation. Versuchen Sie, durch Visualisierung glückliche Geister von der anderen Seite einzuladen. Machen Sie es zu einem Vorsatz, glückliche Geister einzuladen, wenn Sie Ihre Absicht äußern. Arbeiten Sie auch daran, Ihr Bewusstsein zu verbessern, indem Sie sich regelmäßig in der Gegenwart verankern.

Einige Tipps, die Ihnen helfen, eine gute Absicht zu formulieren, sind:

- Formulieren Sie sie als etwas, das Sie kontrollieren.
- Formulieren Sie sie in der Gegenwartsform.
- Konzentrieren Sie sich auf die Schwingung, die Sie von der Absicht erhalten. Sie sollte mitschwingen und sich inspirierend anfühlen.
- Überlegen Sie, ob Sie sie in Ihr Tagebuch schreiben sollen.
- Denken Sie daran, sie nur für sich zu behalten.

Während Sie Ihre Absicht festlegen, müssen Sie auch Ihre Schwingung erhöhen. Das ist ein wesentlicher Bestandteil Ihrer Vorbereitung. Natürlich wissen Sie bereits, dass Meditation der beste Weg ist, um Ihre Schwingung zu erhöhen. Aber das ist nicht der einzige Weg – Zeit in der Natur zu verbringen, Duftkerzen anzuzünden und zu entrümpeln sind weitere Möglichkeiten, die Sie nutzen können. Auch das Hören von hoch schwingender Musik ist hilfreich. Das Wichtigste ist, dass Sie Dinge tun, die Sie innerlich erhellen. Diese Dinge sind für jeden anders, also finden Sie heraus, was für Sie funktioniert.

Die Anhebung Ihrer Schwingung erfordert viel Energie. Aber es ist ein entscheidender Teil Ihrer Vorbereitung, so dass Sie nicht darauf verzichten können. Wie ich bereits erwähnt habe, müssen die Geister auf der anderen Seite ihre Schwingung senken, damit Sie mit ihnen kommunizieren können. Alles, was dem entgegensteht, führt zu einem Ungleichgewicht.

Schützen Sie sich selbst

Die spirituelle Welt ist unberechenbar, was bedeutet, dass einem Medium alles passieren kann, während es sich dort aufhält. Nicht alle Geister sind freundlich. Einige sind bösartig und giftig. Es ist ein Muss, sich zu schützen, bevor man eine Verbindung mit der geistigen Welt aufnimmt. Kein Schutz bedeutet, dass Sie sich unerwünschten Wesenheiten gegenüber verwundbar machen.

Sich selbst zu schützen, beginnt mit einem starken Vertrauen in sich selbst. Die Absicht, die Sie festlegen, entscheidet über die Wirksamkeit Ihres Schutzes. Die Zeit, die Sie für die Schaffung Ihres Schutzes verwenden, sollte Ihren Bedürfnissen oder Zielen entsprechen.

Im Folgenden habe ich eine Übung, die Sie einmal am Tag machen können, um Vertrauen aufzubauen und sich auf die spirituelle Dimension vorzubereiten. Bei der Übung geht es darum, eine Art Schutzschild um sich herum zu errichten. Damit soll verhindert werden, dass Sie von negativen Geistern oder Energien angegriffen werden.

Visualisierungsübung zum Schutz

- Stellen Sie sich vor, dass ein Strom reinen weißen Lichts von oben in Ihren Kopf eindringt. Lassen Sie ihn Ihren Körper ausfüllen, bis jeder Teil davon bedeckt ist. Stellen Sie sich vor, dass jede graue Kraft in Ihrem System in Weiß umgewandelt wird, wenn der Lichtstrom sie berührt.
- Sobald Ihr ganzer Körper mit weißem Licht gefüllt ist, lassen Sie es durch Ihren Körper und etwa 1 Meter von Ihrem Körper entfernt ausstrahlen. Wenn Sie es richtig machen, können andere die weiße Lichtkraft um Sie herum in Form eines Nebels sehen.
- Stellen Sie sich abschließend vor, dass sich eine schützende Sphäre um den Nebel bildet, die eine Art Schutzhülle um Ihr Energiefeld bildet.

Wenn Sie den Schutz sehen könnten, würde er ähnlich wie ein Ei aussehen. Sie können sogar spüren, dass er Sie physisch umgibt. Je mehr Sie ihn spüren können, desto stärker ist er, so dass die Chancen, ihn zu durchdringen, gering sind.

Ich empfehle Ihnen, diese Übung jeden Morgen und jeden Abend durchzuführen, um Ihre Kraft vollständig zu aktivieren.

Natürlich gibt es noch viele andere Dinge, die Ihnen helfen können, sich effektiv auf Ihre spirituelle Reise vorzubereiten. Zunächst einmal sollten Sie überlegen, ob Sie den Geist, den Sie *channeln*, mit geeigneten Auslösern ansprechen wollen. Das bedeutet, dass Sie vor dem D-Day einige Nachforschungen über den Geist anstellen müssen. Die Verwendung von Gegenständen, die mit Geistern zu deren Lebzeiten in Verbindung gebracht werden, ist geeignet, um Reaktionen und Interaktionen hervorzurufen. Wenn Sie etwas haben, das Sie mit dem Geist verbindet, sprechen Sie laut darüber. Das wird dazu beitragen, das Interesse des Geistes zu wecken, so dass er oder sie mit Ihnen interagieren kann.

Die Rolle eines Verbündeten oder eines fürsorglichen Beobachters kann Ihnen helfen, eine engere Verbindung zu den Geistern aufzubauen, was zu einer heilsamen Erfahrung führt. Aber dazu müssen Sie sich selbst schützen. Andernfalls könnten Sie eine unerwünschte Bindung eingehen. Einen Geist herbei zu rufen ist eine Sache, aber von Geistern heimgesucht oder verfolgt zu werden, ist eine ganz andere Sache. Sie müssen vorsichtig sein.

Sobald Sie einen Geist oder ein anderes Wesen aus einer anderen Welt spüren, hören oder sehen können, kommunizieren Sie mit Respekt und Einfühlungsvermögen. Es spielt keine Rolle, ob der Geist mit Ihnen oder durch Sie spricht. Gegenseitiger Respekt ist notwendig. Wenn Sie eine Botschaft nicht verstehen, haben Sie die Möglichkeit, um Klarheit zu bitten.

Tun Sie nichts, was sich für den Geist wie eine Bedrohung oder Provokation anfühlen könnte. Geisterjäger verwenden normalerweise provokative Methoden, aber als Medium sollten Sie das nicht tun. Sie könnten damit enden, dass ein verletzter oder wütender Geist Rache übt. Seien Sie in Ihren Interaktionen entschlossen und höflich.

Auch hier gilt: Vertrauen Sie auf Ihren Instinkt. Wenn Ihr Instinkt Ihnen sagt, dass Sie eine Situation nicht in den Griff bekommen oder eindämmen können, dann gehen Sie. Das ist ein weiterer Grund, warum

Schutz wichtig ist. Neben den bereits erwähnten Schutztechniken gibt es viele weitere Möglichkeiten. Sie können Schutzkristalle und Edelsteine bei sich tragen, ein Pentagramm oder ein Kruzifix tragen und ein Ritual durchführen, bevor Sie gehen.

Wie bereits erwähnt, sind manche Botschaften für Sie vielleicht nicht klar, aber vertrauen Sie immer auf das, was Sie hören. Wenn Sie nichts hören, dann bitten Sie den Geist um Klärung. Zweifel schreckt Geister ab, es ist gut, jede Manifestation von Zweifel fernzuhalten. Urteilen Sie richtig.

Bevor Sie versuchen, einen echten Geist zu *channeln*, sollten Sie sich zunächst selbst testen. Tun Sie dies allein oder mit Freunden. Besorgen Sie sich einen Spiegel, meditieren Sie vor dem Spiegel und versuchen Sie, sich in Trance zu versetzen. Glücklicherweise können Sie dies überall tun. Es ist eine ausgezeichnete Methode, um sich selbst zu lehren, für Geister offen zu sein.

Suchen Sie einen Ort auf, an dem Sie intensive spirituelle Energien spüren. Beobachten Sie alle Botschaften, Empfindungen oder Eindrücke. Recherchieren Sie anschließend und überprüfen Sie die Richtigkeit Ihrer Channeling- und Lesesitzung. Denken Sie daran, dass die Ergebnisse Ihres Tests von der tatsächlichen Sache abweichen können. Schließlich unterscheidet sich eine gelebte Erfahrung erheblich von einer imaginierten oder nachgeahmten Erfahrung.

Weitere Möglichkeiten zur Vorbereitung auf die spirituelle Trance sind:

- **Verbrennen Sie keinen Salbei:**

    Salbei ist eine alte Pflanze für Reinigungsrituale. Er ist normalerweise die Grundlage für Rituale und Zaubersprüche, aber er ist nicht für Geister bestimmt. Der Zweck von Salbei ist es, Geister und Gespenster fernzuhalten, ob böse oder gut. Die Verwendung von Salbei vor einer Sitzung ist Ihre Art, den Geistern zu sagen, dass sie sich von Ihnen fernhalten sollen. Wenn Sie Salbei vor dem Versuch der Kommunikation verbrennen, wird der Geist wahrscheinlich launisch und ungezogen sein.

- **Stellen Sie verschiedene Kommunikationskanäle bereit:**

    Der Sinn von Kommunikationskanälen ist es, den Geistern zu helfen, Botschaften zu übermitteln. Geister brauchen manchmal Vermittler. Wenn Sie sich darauf vorbereiten, mit den Toten in Kontakt zu treten, stellen Sie verschiedene Kommunikationskanäle am Veranstaltungsort auf. Im Laufe der Geschichte wurde berichtet, dass Geister durch eine Flüssigkeit, Kerzenflammen und Gerüche kommunizieren. Sie können auch audiovisuelle Aufnahmegeräte aufstellen, da diese ebenfalls als nützlich gelten.

- **Nehmen Sie den Tod an:**
  Den Tod anzunehmen ist eine Art, das Leben zu feiern. Erinnern Sie sich daran, dass ich gesagt habe, dass es nichts Vergleichbares zum Tod gibt. Dank der Horrorfilme, die wir gesehen haben, wachsen wir mit einer Angst vor Geistern auf. In Wirklichkeit werden Sie feststellen, dass Ihre Angst vor Geistern Ihre Beziehung zur Sterblichkeit widerspiegelt. Die Realität des Todes zu akzeptieren ist schwierig – die Erfahrung ist beängstigend, schmerzhaft und herzzerreißend. Die Verbindung mit der spirituellen Welt ist eine Gelegenheit für Sie, die Unverfrorenheit Ihrer eigenen physischen Welt zu erkunden. Am Ende werden Sie erkennen, dass aus dem „Tod" eine robuste und schöne Seele hervorgeht.

Zum Abschluss dieses Kapitels möchte ich betonen, dass Sie eine Brücke zwischen der physischen und der geistigen Welt schlagen müssen, indem Sie eine Sprache zwischen dem Geist und sich selbst entwickeln. Das wird Ihre Art sein, mit dem Geist zu „sprechen". Dazu müssen Sie auf die Zeichen um Sie herum achten.

Das bringt mich zu den drei für das Medium wichtigsten „Hells": Hellsehen, Hellfühlen und Hellhören. Diese ermöglichen es Ihnen, zu sehen, zu hören und zu fühlen, wenn Sie eine Verbindung mit der anderen Seite herstellen. Sie sind die häufigsten Kanäle, über die der Geist die Kommunikation mit den Menschen einleitet. Während Sie daran arbeiten, eine gemeinsame Sprache mit dem Geist zu entwickeln, werden Sie immer mehr Zeichen erfahren. Achten Sie auf sie alle!

In den nächsten drei Kapiteln geht es um die drei „Hells", wie oben beschrieben. Erfahren Sie mehr über ihre zentrale Bedeutung für die Entwicklung Ihres spirituellen Mediumismus.

Kapitel Sechs: Übersinnliche Fähigkeiten I: Hellfühligkeit

„*Menschen mit der übersinnlichen Gabe der Hellfühligkeit gehören zu den nettesten Menschen, die Sie je treffen werden.*"

—Catherine Corrigan

Hellfühligkeit ist eine herausragende übersinnliche Fähigkeit, zu der Medien neigen. Wie in einem früheren Kapitel definiert, ist es die Gabe des „klaren Gefühls". Es ist die Fähigkeit, die Emotionen anderer genau so zu spüren und zu erleben, als wären es die eigenen. Interessanterweise ist die Hellfühligkeit keine weithin bekannte Fähigkeit. Man sieht sie nicht in Filmen und Fernsehsendungen wie andere übersinnliche Fähigkeiten.

Wenn Menschen an übersinnliche Fähigkeiten denken, denken sie eher an Hellsichtigkeit und Hellhörigkeit. Infolgedessen merken die meisten Menschen nicht einmal, wenn sie übersinnliche Erfahrungen haben, die mit ihrer Hellfühligkeit zusammenhängen.

Jemand mit hellfühligen Fähigkeiten kann über Emotionen, Gefühle und körperliche Empfindungen übersinnliche Informationen, Botschaften und Eindrücke empfangen. Einfach ausgedrückt, geht es vielleicht darum, intuitive Treffer durch Spüren zu erhalten. Ein hellfühliges Medium zu sein, bedeutet, dass man Bauchgefühle über Menschen, Gegenstände und *sogar Orte* bekommt. Sie können intuitive Eindrücke von allem empfangen, was Energie ausstrahlt.

Ein Beispiel für Hellfühligkeit ist, wenn Sie an einem Obdachlosenheim vorbeigehen und Hunger verspüren. Oder wenn Sie einen Freund umarmen und sich unglaublich glücklich oder traurig fühlen, je nachdem, welche Emotion er hat. Ihre Hellfühligkeit kann sich sogar beim Ansehen von Filmen oder Nachrichten widerspiegeln. Wenn Sie Berichte über Gewaltverbrechen sehen, können Sie zu Tränen gerührt sein. Wenn Sie eines oder mehrere dieser Beispiele nachvollziehen können, sind Sie vielleicht hellfühlig.

Hier sind weitere Anzeichen, die Ihnen helfen können, herauszufinden, ob Hellfühligkeit Ihre dominante psychische Fähigkeit ist.

- Sie können den körperlichen oder emotionalen Schmerz eines anderen Menschen spüren.
- Sie halten es nicht aus, sich in Menschenmengen aufzuhalten, weil Sie von Gefühlen überflutet werden.
- Sie sind körperlich und emotional ausgelaugt, wenn Sie Zeit mit Menschen verbringen.
- Ihre Instinkte in Bezug auf Menschen, Orte und Situationen sind normalerweise richtig.
- Sie können ein unordentliches Zuhause oder einen unordentlichen Arbeitsplatz nicht ertragen, weil Sie sich dadurch gestresst fühlen.
- Sie erleben Wellen von Emotionen aus dem Nichts.

Dies sind einige der häufigsten Anzeichen, die von hellfühligen Menschen wahrgenommen werden. Prüfen Sie, ob eines dieser Zeichen auf Sie zutrifft. Wenn Ihre Freunde immer gesagt haben, Sie seien emotional oder zu sentimental, könnte das ein weiteres Anzeichen sein.

Ich habe bereits erwähnt, dass jeder Mensch über alle übersinnlichen Fähigkeiten verfügt, aber wir alle neigen dazu, eine oder mehrere Fähigkeiten stärker zu nutzen als die anderen. Medien neigen zu Hellfühligkeit, Hellsichtigkeit und Hellhörigkeit, weil dies die Sinne sind, durch die Geister kommunizieren. Das bedeutet nicht, dass sie mit den anderen übersinnlichen Sinnen nicht kommunizieren oder nicht kommunizieren können – sie ziehen diese drei den anderen vor.

Die Entwicklung Ihrer Hellfühligkeit ist unerlässlich, damit Sie mit Ihrer Intuition im Einklang sind. Bevor ich dazu komme, fragen Sie sich vielleicht, wie es sich anfühlt, ständig Gefühle, Emotionen und Energien in sich aufzusaugen.

Ja, hellfühlig zu sein ist so ähnlich wie ein Schwamm. Aber nur, wenn man nicht lernt, seine Fähigkeit zu kontrollieren. Man muss lernen, seine Fähigkeit zu kontrollieren. Wenn Sie das nicht tun, werden Sie immer mit unerwünschten Emotionen und Energien konfrontiert sein. Sie müssen auch wissen, wie Sie auf die intuitiven Treffer, die Sie erhalten, reagieren können.

Die einzige Möglichkeit, dies zu tun, besteht darin, sich darin zu üben, zu wissen, wann man einen hellfühligen Treffer hat, und, was noch wichtiger ist, seine hellseherischen Sinne zu steuern. Sobald Sie dies beherrschen, werden Sie sich nicht mehr ausgelaugt fühlen. Und Sie können Ihre Fähigkeit nutzen, um Ihr Interesse am Mediumismus zu fördern. Schon bald werden Sie Zugang zu klaren und prompten übersinnlichen Botschaften haben.

Nachdem Sie nun verstanden haben, dass Hellfühligkeit nichts Schlechtes ist, wenn Sie sie auf die richtige Art und Weise handhaben, erfahren Sie hier, wie sich eine hellfühlige Erfahrung für Sie anfühlen könnte.

- **Emotionale Empfindungen:** Hellfühlige Menschen erhalten oft Botschaften durch Gefühle. Sie könnten zum Beispiel die Angst Ihres Partners vor einem geplanten Arztbesuch spiegeln.

- **Physische Empfindungen**: Eine andere Möglichkeit, hellfühlige Erfahrungen zu machen, sind Empfindungen im physischen Körper. Ein gutes Beispiel ist das Gefühl des Hungers, wenn man an einem Obdachlosenheim vorbeikommt.

Wenn Sie dieses Gefühl spüren, bedeutet das nicht, dass Sie auch hungrig sind. Es dauert normalerweise nicht länger als ein paar Minuten. Es passiert oft, wenn man sich mit Geistern verbindet. Wenn der Geist an einer körperlichen Krankheit gestorben ist, kann es sein, dass Sie auch in diesem Teil Ihres Körpers ein Kribbeln verspüren. Es hält normalerweise nur kurz an und ist nicht beängstigend.

Der Umgang mit der Hellfühligkeit ist wichtig, doch scheint er schwierig zu sein. Da sie nichts haben, was ihnen den Weg weist, bleiben die Menschen zu Hause, weil sie befürchten, ausgelaugt zu werden, wenn sie Zeit unter Menschen verbringen. Die Energie von Menschen, Orten und Gegenständen zu spüren, ist anstrengend und macht Kontrolle notwendig.

Wenn Sie mit Ihrer Hellfühligkeit nicht zurechtkommen, werden Sie vielleicht lernen, Partys zu meiden oder sich im schlimmsten Fall aus der Gesellschaft zurückzuziehen. Das muss aber nicht sein. Wie ich schon sagte, können Sie lernen, mit Ihren hellfühligen Eindrücken umzugehen. Nur diejenigen, die ihre Gabe nicht beherrschen, erleben überwältigende Gefühle bei anderen.

Es gibt jedoch Wege, wie Sie Ihre hellseherischen Fähigkeiten entwickeln und meistern können. Vergessen Sie nicht, dass die Beherrschung der Fähigkeit der Schlüssel zu ihrer Bewältigung ist.

Konzentrieren Sie sich auf Ihr Umfeld

Hellsichtige Menschen sind besonders bewusst und nehmen ihre unmittelbare Umgebung sehr sensibel wahr. Ihnen kann einfach nichts entgehen. Sie bemerken, wenn jemand ihre Lieblingsblumenvase einen Zentimeter bewegt. So unglaublich aufmerksam sind sie. Das ist eine Sache, die Sie zu Ihrem Vorteil nutzen können. Sie können Ihre Hellfühligkeit entwickeln, indem Sie sich auf Ihre Umgebung konzentrieren.

Wie sieht Ihre Umgebung aus? Ist der Raum unordentlich? Verursacht das schmutzige Geschirr bei Ihnen ein ungutes Gefühl? Nun, Unordnung in Ihrer Wohnung kann viele Gefühle hervorrufen. Aber das ist nicht der Punkt. Sie müssen einen bestimmten Raum in Ihrer Wohnung schaffen, der nicht wie die anderen ist. Dieser Raum wird Ihr Bereich für die psychische Entwicklung sein. Er sollte sauber und frisch sein und eine heilige Atmosphäre ausstrahlen. Mehr als einmal habe ich erwähnt, wie wichtig es ist, einen Raum zu haben, der ausschließlich für spirituelle Zwecke genutzt wird.

Wählen Sie einen Ort, z.B. eine Zimmerecke oder, wenn möglich, ein ganzes Zimmer, das Sie für spirituelle Dinge nutzen können. Stellen Sie alles, was Sie brauchen, wie z.B. Ihre Meditationsmatte oder Ihren Stuhl, Ihr Tagebuch, Ihre Decke, Kristalle und andere übersinnliche Werkzeuge, in diesen Raum. Stellen Sie alles, was Sie glücklich macht und für Ihre psychische Reise wichtig ist, in diesen Raum. Fügen Sie nichts hinzu, was unnötig vom Zweck des heiligen Raumes ablenken könnte.

Hellfühligkeit erhöht die Sensibilität, daher ist es hilfreich, den spirituellen Raum so zu gestalten, dass sich die Sensibilität wohl fühlt. Der Schlüssel dazu ist grün. Grün gibt Ihnen ein Gefühl der Ruhe, und so sollten Sie sich immer fühlen, wenn Sie im hellsichtigen Modus sind. Man fühlt sich geerdet und mit der Natur verbunden. Neben einer grünen Umgebung sollten Sie auch organische Reinigungsprodukte aus Pflanzen und ätherischen Ölen verwenden. Sie sind erstaunlich.

Verwenden Sie Salbei, um den Raum durch Rauch zu reinigen. Ja, Salbei wird verwendet, um Geister fernzuhalten, aber nur, wenn Sie ihn unmittelbar vor dem Eintreten in eine Trance verbrennen. Hier müssen Sie dem Salbei die Absicht geben, Negativität und Dunkelheit fernzuhalten. Setzen Sie sich die Absicht, dass Liebe und Licht Ihren Raum erfüllen, bevor Sie den Salbei verbrennen.

Wenn Sie all das tun, kann es einen großen Unterschied machen, wie Hellfühligkeit auf Sie wirkt und wie Sie darauf reagieren. Nachdem Sie nun den richtigen Raum für die Hellsichtigkeit (und andere übersinnliche Praktiken) geschaffen haben, kommen Sie zu den eigentlichen Übungen zur Entwicklung Ihrer Fähigkeit.

Fotos zur Entwicklung der Hellsichtigkeit verwenden

Die Fototechnik ist eine lustige Übung, die ich gerne mache. Das Beste daran ist, dass Sie vielleicht sogar besser abschneiden, als Sie erwarten. Stellen Sie einfach sicher, dass Sie sich frei und entspannt fühlen, bevor Sie es versuchen. Sie brauchen ein Foto von einer Person, über die Sie keine Informationen haben. Sie sollten diese Person noch nie getroffen haben. Verwenden Sie nicht das Bild Ihres Lieblingsprominenten, auch wenn Sie ihn noch nie getroffen haben. Über Prominente gibt es im Internet genug Informationen über ihr Leben. Stattdessen können Sie Ihren Freund bitten, Ihnen ein Foto eines Familienmitglieds zu zeigen, das Sie nicht kennen. Ihr Freund sollte die Person gut kennen, damit er die Informationen, die Sie erhalten, bestätigen kann.

- Halten Sie das Foto in beiden Händen. Betrachten Sie das Gesicht der Person und konzentrieren Sie sich besonders auf ihre Augen. Stellen Sie sich die Gefühle der Person auf dem Bild vor. Wie hat sie sich gefühlt, als das Bild aufgenommen wurde? Glücklich? Traurig? Ängstlich? Enthusiastisch? Wirkt die Person vertrauenswürdig? Erlauben Sie sich, sich vorzustellen und lassen Sie sich treiben.

- Konzentrieren Sie sich ein paar Minuten lang, bis Sie die gewünschten Informationen haben. Wenn Sie fertig sind, denken Sie noch ein paar Minuten darüber nach und geben Sie sie dann an Ihren Freund weiter. Bitten Sie ihn um eine Rückmeldung.

Wiederholen Sie diese Hellfühligkeitsübung mindestens zweimal pro Woche mit immer neuen Fotos. Durch Beständigkeit können Sie Ihre Hellfühligkeit und Ihr Vertrauen aufbauen.

Psychometrie ausprobieren

Psychometrie ist die Praxis des Lesens der Energie eines Objekts. Wenn Sie etwas berühren, hinterlassen Sie einen energetischen Abdruck auf diesem Gegenstand. Ihr Lieblingspullover, Ihr Spielzeug, Ihre Halskette – sie alle tragen einen Abdruck Ihrer Energie. Wir alle übertragen unbewusst Energie auf Gegenstände, meist auf die, die wir besitzen. Je mehr Sie den Gegenstand benutzen oder lieben, desto mehr Energie hinterlassen Sie auf ihm. Ehe man sich versieht, hat man Energie angehäuft. Genau aus diesem Grund ist die Psychometrie nützlich, um Hellfühligkeit zu entwickeln.

Wenn Sie die Energie eines Objekts lesen, können Sie genügend Informationen über den Besitzer des Objekts erhalten. Am besten üben Sie die Psychometrie an einem Gegenstand, den Sie nicht besitzen. Sie wissen bereits alles über sich selbst, also hat das keinen Sinn. Bitten Sie Ihren besten Freund oder Ihre beste Freundin, ein Schmuckstück, das jemandem in der Familie gehört, oder ein anderes Familienerbstück vorbeizubringen. Schmuck ist am besten geeignet, weil Metall die Energie besser speichert als andere Elemente. Auch hier sollte der Besitzer des Gegenstandes jemand sein, den Sie nicht kennen.

- Reiben Sie Ihre Handflächen ein paar Sekunden lang aneinander. Machen Sie eine kurze Atemübung, dann halten Sie den Gegenstand in der Hand. Tun Sie ein paar Minuten lang nichts. Halten Sie den Gegenstand einfach fest.
- Spüren Sie die Energie, die von dem Objekt ausgeht. Ist sie negativ oder positiv? Bestimmen Sie, um welche Art von Energie es sich handelt.
- Spüren Sie die Energie des Besitzers. Was können Sie wahrnehmen? Versuchen Sie, so viele Informationen wie möglich aus der Energie zu gewinnen, die Sie spüren. Sie

können verschiedene Eindrücke über die Geschichte des Gegenstandes und seines Besitzers erhalten.

Wie immer sollten Sie sich die Informationen, die Sie von dem Gegenstand erhalten, von Ihrem Freund bestätigen lassen. Wenn Sie konsequent Psychometrie praktizieren, können Sie die Energie eines Gegenstandes lesen, ohne ihn zu berühren oder festzuhalten.

Ein Kristallgitter erstellen

Kristalle verbessern die übersinnlichen Fähigkeiten, weshalb es für Medien sehr hilfreich ist, sie bei sich zu haben. Was mir an der Verwendung von Kristallen für die Weiterentwicklung übersinnlicher Fähigkeiten am besten gefällt, ist, dass sie wenig bis gar keine Anstrengung erfordern. Kristalle wie Amethyst und Fluorit unterstützen alle übersinnlichen Fähigkeiten, aber sie sind besonders gut für die Hellsichtigkeit geeignet. Sie können mühelos Kristallgitter herstellen. Es dauert nur ein paar Minuten, und die Möglichkeit, Fehler zu machen, ist nicht gegeben.

- Kaufen Sie 12 Kristalle. Wählen Sie Kristalle, mit denen Sie sich verbunden fühlen. Sie können auch mehr als 12 kaufen. Sie können 12 Kristalle eines Typs kaufen oder sie mischen. Ich empfehle, eine Mischung aus Amethyst und Fluorit zu kaufen.
- Legen Sie einen Kristall in die Mitte und ordnen Sie die übrigen Kristalle kreisförmig um ihn herum an.
- Während Sie die Kristalle aufstellen, fassen Sie die Absicht, Ihre Hellfühligkeit zu verbessern. Machen Sie sich klar, dass Sie übersinnliche Botschaften durch hellfühlige Treffer empfangen wollen.
- Legen Sie das Kristallgitter in Ihren heiligen psychischen Raum oder unter Ihr Bett.
- Das ist alles!

Um die Kräfte Ihrer Kristalle zu verstärken, können Sie sie mit ätherischen Ölen einreiben, bevor Sie das Gitter bilden.

Vergessen Sie nicht, dass Meditation bei allem, was Sie tun, von wesentlicher Bedeutung ist, wenn es um das Hellsehen geht. Machen Sie Meditation zu einem Teil Ihrer Übungen zur Entwicklung der Hellsichtigkeit. Befolgen Sie die Anweisungen für traditionelle

Meditation, aber mit der Absicht, sich mit Ihrer intuitiven Fähigkeit zu verbinden.

Sie können Hellfühligkeit entwickeln. Jeder kann Hellfühligkeit entwickeln. Befolgen Sie alle Tipps in diesem Kapitel, und Sie werden Ihre Gabe mit der Zeit meistern. Denken Sie daran, dass Sie in Ihrem eigenen Tempo lernen, seien Sie also nicht zu sehr darauf bedacht, in kürzester Zeit zu lernen.

Kapitel Sieben: Übersinnliche Fähigkeiten II: Hellhörigkeit

„Die Intuition geht vor dir her und zeigt dir den Weg. Das Gefühl folgt hinter dir, um dich wissen zu lassen, wenn du in die Irre gehst. Höre auf deine innere Stimme. Es ist der Ruf deiner inneren Stimme. Es ist der Ruf deines spirituellen GPS, das dich auf dem Weg zu deiner wahren Bestimmung halten will."

−Anthon St. Maarten

Hellhörigkeit ist eine weitere übersinnliche Fähigkeit, die bei Medien vorherrscht. Sie ist wahrscheinlich die zweitbekannteste Fähigkeit nach der Hellsichtigkeit. Wie Sie bereits wissen, handelt es sich um die Gabe des übersinnlichen Hörens. Wenn Sie Ihre psychische Entwicklungsreise beginnen, werden Sie feststellen, dass einige Fähigkeiten leichter zu meistern sind als andere. Glücklicherweise ist die Hellhörigkeit eine der Fähigkeiten, die am leichtesten zu entwickeln ist. Aber was ist Hellhörigkeit?

Es handelt sich um eine übersinnliche Fähigkeit oder einen Sinn, der es Ihnen ermöglicht, übersinnliche Eindrücke, Botschaften und Informationen über das Gehör zu empfangen. Man kann sie in Form von Stimmen, Worten, Klängen oder Musik erhalten. Das Gute daran ist, dass diese Erfahrung weder unheimlich noch beängstigend ist. Sie hören alles in Ihrem Kopf, als ob Sie laut denken würden. Manchmal hören Sie sogar mit Ihren physischen Ohren. Aber denken Sie daran, dass die Geister auf der anderen Seite keine materielle Form mehr haben – deshalb müssen sie nicht mit einer physischen Stimme kommunizieren.

Hellhörige Menschen erhalten intuitive Botschaften normalerweise auf fünf verschiedene Arten. Vielleicht haben Sie einige von ihnen schon einmal erlebt.

Die erste Möglichkeit ist, Ihre eigene Stimme in Ihrem Kopf zu hören. Die Stimme ist in der Regel leise und subtil, und es kann sich anhören, als würden Sie einen inneren Monolog führen. Wenn Sie eine Lesung im Mediumismus durchführen und der verbundene Geist über Hellhörigkeit kommuniziert, hören Sie nicht die Stimme, die er hatte, als er auf der Erde war. Stattdessen hören Sie den Geist in Ihrer Stimme, in Ihrem Kopf. Es ist wie eine telepathische Kommunikation. Wenn Sie Ihre Fähigkeit entwickeln, werden Sie lernen, zwischen Ihrer Stimme und dem Geist zu unterscheiden.

Eine zweite Möglichkeit, hellhörige Botschaften zu empfangen, sind Töne. Diese Klänge haben immer eine symbolische oder wörtliche Bedeutung, die Sie interpretieren können. Wenn ein Geist Ihnen etwas mitteilen möchte, kann er dies über Musik tun. Zum Beispiel könnten Sie ein Geburtstagslied hören, wenn der Geist kürzlich Geburtstag hatte.

In relativ seltenen Fällen kommunizieren Geister über physische Klänge, die Sie nicht hören können. Das kommt selten vor. Es kann sein, dass Sie Töne, Worte oder Musik hören, ohne dass eine Quelle erkennbar ist. Der Klang ist normalerweise ätherisch und schön. Sie können ein Gefühl der Verzauberung hinterlassen.

Eine weitere Möglichkeit, wie Geister kommunizieren, ist über ihre ätherische Stimme. Erfahrene Medien können die Stimme des Geistes telepathisch hören. In diesem Fall hören Sie die Stimme genau so, wie sie war, als der Geist noch lebte. Dies geschieht in der Regel bei Geistern, mit denen Sie bereits vertraut sind, z. B. bei dem Geist Ihres Großvaters oder Ihres verstorbenen Onkels.

Zuletzt kommunizieren die Geister über Notfallwarnungen. Solche Erlebnisse können beängstigend sein, weshalb die Geister diese Methode nur anwenden, wenn es unglaublich dringend ist. Hellhörige Warnungen ertönen oft laut in Ihrem Kopf. Sie könnten zum Beispiel ein plötzliches „STOP" in Ihrem Kopf hören, wenn Sie gerade auf die Autobahn auffahren wollen. Sie erschrecken vielleicht, aber es stellt sich oft heraus, dass es einen guten Grund dafür gibt.

Hellhörige Erfahrungen lassen sich leicht als „das bildest du dir nur ein" abtun, was viele Menschen tun, wenn sie die Stimme in ihrem Kopf nicht erklären können. Zu verstehen, woher die hellhörigen Botschaften kommen und wie es sich anfühlt, diese Erfahrung zu machen, kann einen Einblick in die Ereignisse geben, die man in der Vergangenheit als „nur in meinem Kopf" abgetan hat.

Kein Medium kann leugnen, dass diese übersinnliche Fähigkeit ein dramatisches Flair hat, aber sie ist nicht so dramatisch, wie viele glauben. Sie ist oft sehr subtil – genug, um sie ohne einen zweiten Gedanken zu ignorieren. Woran erkennt man, dass es sich um eine hellhörige Erfahrung handelt und nicht um normales Denken?

Es ist wichtig zu wissen, wonach man suchen muss. Wenn Sie an Hellhörigkeit denken, denken Sie an Telepathie, denn darum geht es. Schließlich ist Telepathie eine Kommunikation von Geist zu Geist, die ohne die Verwendung bekannter Sinneskanäle stattfindet. Wenn ein Geist eine Botschaft in Ihrem Kopf hinterlässt, kommuniziert er telepathisch.

Hellhörigkeit ist so, als ob Sie einen Anruf von Ihrem Handy erhalten, ohne es tatsächlich abzunehmen. Hier sind einige Dinge, die Ihnen helfen, diese Erfahrung zu erkennen:

- Es klingt, als würden Sie vor sich hin lesen oder denken. Es ist so, als ob Sie alleine lesen würden. Sie können das, was Sie lesen, in Ihrem Kopf „hören".
- Das Hören ist fast immer innerlich, kann aber in sehr seltenen Fällen auch äußerlich sein.
- Es hat immer einen guten Grund.
- Es nimmt Ihnen nicht Ihren freien Willen. Sie können Ihre eigene Wahl treffen.
- Manchmal erscheint es wie ein Höreindruck. Gedanken können wie aus dem Nichts in Ihrem Kopf auftauchen.
- In der Regel erfolgt dies kurz und direkt.

Hellhörige Botschaften kommen vom Göttlichen, Ihrem spirituellen Team und den Geistern der anderen Seite. Anfangs werden Sie vielleicht nicht in der Lage sein, die Quelle der übersinnlichen Botschaften zu erkennen, die Sie erhalten. Aber mit der Zeit werden Sie eine Idee oder ein Gefühl dafür bekommen, wer der Absender der Botschaft ist und warum.

Wenn die Gabe des Hellhörens Ihre vorherrschende übersinnliche Fähigkeit ist, dann werden Ihnen die Geister in den meisten Fällen Botschaften über hellhörige Kanäle schicken. Aber wie können Sie feststellen, ob Sie ein hellhöriges Medium sind? Es gibt viele Anzeichen, die Sie beobachten können.

- Sie hören oft Ihren Namen, wenn niemand in Ihrer Nähe ist. Wenn Ihnen das regelmäßig passiert, ist das ein Hinweis darauf, dass Sie die Fähigkeit haben. Das übersinnliche Hören ermöglicht es Ihnen, Dinge zu hören, die andere Menschen nicht hören
- Lärmempfindlichkeit ist ein gutes Zeichen für Hellhörigkeit. Sie können sich gereizt, müde oder gestresst fühlen, wenn Sie sich in einer Umgebung mit zu viel Lärm befinden. Noch frustrierender ist es, wenn die Menschen um Sie herum Ihre Empfindlichkeit nicht verstehen können. Also suchen Sie Ruhe und Einsamkeit. Erwägen Sie die Anschaffung von Kopfhörern mit Geräuschunterdrückungstechnologien, um diese Empfindlichkeit in den Griff zu bekommen.
- Selbstgespräche sind ein weiteres Zeichen. Die Hellhörigkeit bringt Sie dazu, oft oder immer Gespräche mit sich selbst in Ihrem Kopf zu führen. Sie werden vielleicht feststellen, dass Sie gewöhnlich von Interaktionen abgelenkt sind, weil Sie in Ihren Kopf vertieft sind.
- Sie genießen Musik, weil sie Sie mit Ihrer Seele verbindet. Hellhörige Menschen empfinden Musik oft als erbaulich. Musik zu hören ist eine ausgezeichnete Möglichkeit, Ihre Schwingung zu erhöhen und sich wieder mit Ihrem Geist zu verbinden. Vielleicht haben Sie sogar ein musikalisches Talent.

Es gibt noch viele andere Anzeichen, aber die meisten hellhörigen Menschen erleben oft einige oder alle der oben genannten Anzeichen. Überlegen Sie, welche dieser Anzeichen Ihnen bekannt vorkommen, und nutzen Sie Ihre Antwort, um festzustellen, ob das hellseherische Hören Ihre herausragende Fähigkeit ist.

Unabhängig davon, ob Sie sich mit den meisten der genannten Zeichen identifizieren können oder nicht, ist das übersinnliche Gehör für Ihre Reise als Medium von entscheidender Bedeutung. Deshalb müssen Sie in jedem Fall lernen, es zu entwickeln. Das Gute daran ist, dass Hellhörigkeit relativ leicht zu entwickeln ist. Alles, was Sie brauchen, ist Übung und ein echter Wunsch zu lernen.

Denken Sie an Ihr Autoradio oder Ihr Heimradio. Es hat doch eingebaute Sender, oder? Jedes Mal, wenn Sie einen Sender hören wollen, müssen Sie ihn nur deutlich einstellen, und Sie werden alles hören, was er zu bieten hat. Die Hellhörigkeit ist genau dasselbe, mit einem fast unmerklichen Unterschied. Der Unterschied liegt in der Feinfühligkeit des Hörens. In diesem Fall sind Sie das Radio. Um übersinnliches Hören zu entwickeln, müssen Sie sich auf sich selbst einstimmen. Bei der Entwicklung des übersinnlichen Gehörs geht es praktisch darum, zu lernen, sich auf sich selbst einzustellen und immer klare Botschaften zu empfangen.

Lassen Sie uns besprechen, wie Sie Ihre Fähigkeiten des übersinnlichen Hörens entwickeln können.

Üben Sie, astrale Klänge wahrzunehmen

Für den Anfang müssen Sie die Sensibilisierung Ihres Gehörs üben. Das ist einfach, aber wirkungsvoll. Es funktioniert, weil das Training des normalen Gehörs es leichter macht, nicht-physische Klänge aus der geistigen Welt wahrzunehmen.

Die physische Ebene ist im Allgemeinen ein lauter Ort, an dem wir darauf trainiert sind, den Lärm zu filtern, bevor er unser Bewusstsein alarmieren kann. Aber Sie können die laute Umgebung zu Ihrem Vorteil nutzen. Das ist der Punkt, an dem die Sensibilisierung einsetzt. Hier ist eine Übung zu diesem Zweck.

- Suchen Sie sich einen sicheren Ort für diese Übung. Atmen Sie einige Male tief durch, um sich zu erden.
- Legen Sie als Absicht fest, Ihre Gabe des übersinnlichen Hörens zu verbessern.
- Entspannen Sie sich und konzentrieren Sie sich auf Ihr Gehör. Lassen Sie es in diesem Moment Ihr dominanter Sinn sein.
- Lassen Sie sich sanft auf Ihre Umgebung einstimmen. Konzentrieren Sie sich auf Geräusche, denen Sie selten Aufmerksamkeit schenken. Identifizieren Sie, was Sie hören können. Vielleicht ein Rauschen des Windes in den Bäumen hinter Ihrem Haus oder Vogelgezwitscher.

Machen Sie diese Übung jeden Tag, aber benutzen Sie jedes Mal einen anderen Ort dafür. Sehen Sie, wie viel Sie bei jedem Versuch hören können. Wenn Sie Fortschritte machen, strengen Sie sich mehr an, indem Sie sich in verschiedene Richtungen strecken und Ihren Fokus verändern.

Musikalische Übung

Diese Übung soll Ihnen helfen, subtile Klänge zu erkennen und zu unterscheiden. Wenn Sie diese Übung machen, können Sie lernen, zwischen Ihren Gedanken und hellhörigen Botschaften zu unterscheiden. Diese Übung ist recht interessant, so dass Sie vielleicht sogar Spaß dabei haben. Versuchen Sie, Musik mit schweren Instrumentalklängen zu verwenden. Es ist hilfreich, Musik einer Band zu verwenden. Aber auch klassische Musik ist eine ausgezeichnete Wahl für das Training.

- Spielen Sie die ausgewählte Musik und lassen Sie sich mitreißen. Geben Sie sich dem Stück hin.
- Konzentrieren Sie sich nun auf ein Instrument, das Sie in der Musik hören. Ja, sie spielen gleichzeitig in Harmonie, aber Sie können ein Instrument herausgreifen und sich auf dieses konzentrieren. Isolieren Sie seinen Klang von dem der übrigen Instrumente.

Isolieren Sie nach und nach alle Klänge der spielenden Instrumente, bis Sie sie alle abgedeckt haben. Mit etwas Übung werden Sie so weit kommen, dass Sie einen der Töne herausschneiden können, bis Sie den Rest nicht mehr hören können. Versuchen Sie diese Übung zwei- bis dreimal pro Woche mit unterschiedlicher Musik.

„Visualisieren" Sie den Klang

Visualisierung ist eine visuelle Technik, wie kann man also Ton „visualisieren"? Nun, bei dieser Übung geht es nicht darum, sich etwas vorzustellen. Das Ziel ist, Ihre Fähigkeit zu verbessern, telepathisch übermittelte Botschaften zu hören.

Können Sie sich vorstellen, dass in Ihrem Kopf Musik spielt, fast so, als würden Sie ein echtes Musikgerät benutzen? Das müssen Sie allein in einem ruhigen und stillen Raum tun, in dem es keine anderen Geräusche gibt. Es ist eine wunderbare Methode, um die Hellhörigkeit insgesamt zu entwickeln. Bleiben Sie nicht nur bei der Musik stehen. Versuchen Sie, sich andere Klänge vorzustellen.

Stellen Sie sich all die Geräusche vor, mit denen Sie in Ihrer Kindheit vertraut waren. Die Vorstellung von Klängen in Ihrem Kopf ist eine einfache Methode, um Ihr übersinnliches Gehör zu verbessern. Stellen Sie sich vor, wie Ihr Lieblingskünstler in Ihrem Kopf singt, als wären Sie bei seinem Konzert.

Bitte um spirituelle Botschaften

Damit lernen Sie, Zwiegespräche mit dem Geist zu führen. Es ist eine narrensichere Methode, um Vertrauen in Ihre übersinnlichen Hörfähigkeiten aufzubauen. Sie können den Geist um Informationen bitten – er muss nicht erst zu Ihnen kommen. Üben Sie, Botschaften von höherdimensionalen Wesen zu erbitten und zu empfangen. In diesem Zusammenhang bezieht sich Geist auf Ihre spirituellen Führer, nicht auf jene auf der anderen Seite. Er bezieht sich auch auf die Aufgestiegenen Meister und Ihr Höheres Selbst.

Bevor Sie eine Entscheidung treffen, bitten Sie Ihre Geistführer um Führung. Warten Sie dann auf eine Antwort. Die Antwort kann in jeder Form kommen. Zwiegespräche mit Ihrem spirituellen Team können Sie auf Ihrer spirituellen Reise ein ganzes Stück voranbringen, besonders als angehendes Medium. Das hilft Ihnen auch, die Kunst zu beherrschen, die Feinheiten der Geister zu erkennen.

Das Wichtigste bei all Ihren Hellhörigkeitsübungen ist, dass Sie Spaß haben, während Sie sie praktizieren. Das ist sehr wichtig. Lassen Sie es nicht wie einen Job oder eine Aufgabe erscheinen, die Sie zu einer bestimmten Zeit erledigen müssen. Haben Sie Spaß und lassen Sie sich einfach treiben.

Beachten Sie: Manchmal kann es schwierig sein, Hellhörigkeit zu entwickeln. Es kann sein, dass Sie üben und üben, ohne Ihre Ziele zu erreichen. Wenn das passiert, könnte es bedeuten, dass Ihr Kehlkopfchakra blockiert ist. Das psychische Portal für Hellhörigkeit ist direkt mit dem Kehlkopfchakra verbunden. Eine Blockade dort behindert also Ihre Fähigkeit, sich auf Ihr übersinnliches Gehör einzustellen. Wenn dies bei Ihnen der Fall ist, verwenden Sie Ihr Kristallgitter, um die Blockade zu lösen und wieder in Aktion zu treten.

Kapitel Acht: Übersinnliche Fähigkeiten III: Hellsichtigkeit

„Nach Jahren in völliger Dunkelheit zwinge ich meine Augen ins Licht. Denn ich muss mein Augenlicht bewahren, damit ich die Ganzheit der Leere objektiv sehen kann.

—Justin K. McFarlane Beau

Die Hellsichtigkeit ist die bekannteste übersinnliche Fähigkeit. Es ist kein Wunder, dass manche Menschen sie synonym mit dem Wort „Hellseher" verwenden. In Filmen und Fernsehsendungen wird sie häufig als eine übersinnliche Fähigkeit dargestellt. Die dramatische Übertreibung ist einer der Gründe für die weit verbreitete Fehleinschätzung. Das Ausmaß der Fehleinschätzung ist auf die Bekanntheit zurückzuführen.

Wie Sie bereits gelernt haben, bedeutet Hellsichtigkeit übersetzt „klares Sehen". Es ist die Fähigkeit, übersinnliche oder intuitive Informationen über Bilder, Symbole und Visionen zu empfangen. Das „Sehen" beim Hellsehen geschieht vor Ihrem geistigen Auge, das Sie bereits als das dritte Auge kennen. Erwarten Sie also nicht, dass Sie einen Geist physisch sehen, der in Ihrem Haus herumlungert und darauf wartet, dass Sie von der Arbeit zurückkommen. So funktioniert diese Gabe nicht.

Nehmen wir an, Sie sind Hellseherin oder Hellseher. In diesem Fall haben Sie wahrscheinlich schon einmal bemerkt:

• Licht- und Farbblitze in den Augenwinkeln.

- Zufällige Bilder, die so schnell verschwinden, wie sie auftauchen, fast wie ein „Blitz".
- Bewegungen aus dem peripheren Blickfeld, auch wenn sich niemand mit Ihnen in einem Raum befindet.
- Lebhafte Träume, die sich sehr real anfühlen.

Lassen Sie uns diese Zeichen kurz besprechen, damit Sie verstehen, wie sie auf Sie wirken.

- **Visuelle psychische Blitze**: Hellsichtig zu sein bedeutet, dass Sie Lichtblitze und Farbsehen erleben. Das kann Ihr spirituelles Team sein, das versucht, Ihre Aufmerksamkeit zu erregen oder Ihnen etwas mitzuteilen. Sie können zum Beispiel schwebende Lichtkugeln, Auren, glitzernde Lichter, funkelnde Lichter und Schatten in Ihren Augenwinkeln sehen.
- **Tagträume:** Hellsehen hat mit Sehen zu tun, daher ist die Visualisierung ein wichtiger Teil der Fähigkeit. Wenn Sie hellseherisch veranlagt sind, fällt Ihnen die Visualisierung leicht. Sie können sich etwas leicht vorstellen, weil Sie sehen, wie alles zusammenpassen sollte.
- **Gute Orientierung**: Waren Sie schon einmal an einem Ort und er hat sich in Ihr Gedächtnis eingeprägt? Beschreibt man Sie als menschliches Navigationsgerät? Wenn Sie dies bestätigen können, sind Sie wahrscheinlich ein hellsichtiger Mensch. Das bedeutet auch, dass Sie gut darin sind, Rätsel zu lösen, Karten zu lesen und Labyrinthe zu bewältigen.
- **Lebhafte Vorstellungskraft**: Dies steht im Zusammenhang mit dem vorherigen Zeichen. Wenn man Ihnen gesagt hat, dass Sie eine sehr lebhafte Vorstellungskraft haben, könnte das eine Manifestation Ihrer übersinnlichen Fähigkeiten sein.

Ohne es zu merken, haben Sie wahrscheinlich schon Ihr ganzes Leben lang Anzeichen von Hellsichtigkeit erlebt. Das Gute daran ist, dass Sie hellsichtigen Zeichen mehr Aufmerksamkeit schenken können, wenn Sie wissen, worauf Sie bei sich selbst achten müssen.

Auch wenn Sie sich Ihrer Fähigkeiten bereits bewusst sind, stellen sich manchmal Zweifel ein. Zweifel ist ein immer wiederkehrendes Gefühl, wenn Sie Ihre hellseherische Reise beginnen. Wir alle erleben anfangs Zweifel.

An einem Tag sind Sie überzeugt, dass alles, was Sie erleben, real ist. Sie fühlen sich mit Ihrer Seele im Einklang. Sie sind erstaunt über die Dinge, die Sie tun können, und Sie genießen es, Liebe und Licht in das Universum zu senden. An einem anderen Tag spüren Sie Zweifel. „Habe ich diese Fähigkeit?" „Kann ich mit Geistern kommunizieren? Vielleicht bilde ich mir das alles nur ein." Oder: „Ich glaube nicht, dass ich dafür geschaffen bin."

Solche Fragen werden sich zwangsläufig stellen, aber es liegt an Ihnen, ihnen nicht nachzugeben. Hellsichtig zu sein ist nicht leicht, vor allem, wenn alle um Sie herum denken, dass es ein Glückstreffer ist und Sie nur Ihre Zeit vergeuden. Sie müssen vermeiden, den Zweifeln nachzugeben, die Sie erleben, indem Sie lernen, Ihrer Erfahrung zu vertrauen.

Zunächst müssen Sie Vertrauen in Ihre persönlichen Erfahrungen haben. Negative Selbstgespräche sind nicht hilfreich. Sie verursachen eine Blockade in Ihrem spirituellen System. Dann müssen Sie sich an Ihre Geistführer wenden, um Zeichen zu erhalten. Selbst wenn Sie noch nie mit einem Mitglied Ihres spirituellen Teams in Verbindung getreten sind, warten sie darauf, dass Sie ihre Führung suchen. Sie können jederzeit um Zeichen bitten, denn sie dienen zur Bestätigung.

Manchmal kann es sein, dass Sie Botschaften erhalten, die schlichtweg seltsam erscheinen. Das könnte Sie dazu bringen, an Ihren Geistführern zu zweifeln, aber tun Sie das nicht. Vertrauen in Ihre Geistführer ist keine Option, es ist ein Muss. Ihre Geistführer senden immer die richtigen Botschaften. Es liegt an Ihnen, sie auf die richtige Weise zu interpretieren. Das Deuten von Botschaften der Geistführer erfordert einige Übung. Symbole und Metaphern sind deutlich schwieriger zu interpretieren. Machen Sie sich klar, dass Sie nur kleine Schritte machen. Urteilen Sie nicht über sich selbst und fühlen Sie sich nicht schlecht deswegen.

In Filmen sehen Hellseher oft die Zukunft genau so, wie sie eintreten wird. Meistens bekommen sie einen beängstigenden Untertitel dazu. Aber in Wirklichkeit sind hellseherische Treffer weniger dramatisch und subtiler. Geister lieben Subtilität, das heißt, Sie sollten lernen, subtile Botschaften zu erwarten.

Im Folgenden sind die Möglichkeiten aufgeführt, wie Sie hellsichtige Botschaften erhalten können:

- **Das dritte Auge:** Hellsichtige Botschaften sind nicht physisch sichtbar – wenn Sie die Fähigkeit haben, können Sie nur mit Ihrem geistigen Auge „sehen". Das Stirn- oder Drittes-Auge-Chakra macht dies möglich. Es ist der Kanal, durch den Botschaften aus den spirituellen Dimensionen in diese Ebene gesendet werden.
- **Bilder und Filme:** Eine weitere Möglichkeit, hellseherische Botschaften zu erhalten, ist eine Momentaufnahme eines Bildes oder einer Filmszene. Sie haben vielleicht das Gefühl, dass in Ihrem Kopf ein Fernsehbildschirm geöffnet ist, auf dem ein Film läuft. All dies geschieht natürlich in Ihrem Kopf. Manche erscheinen auch als Visionen. Sie könnten zum Beispiel eine Vision eines Symbols erhalten, das etwas repräsentiert, das Ihnen vertraut ist – wie ein Ring als Symbol für die „Ehe".
- **Symbole:** Es ist wichtig, über Symbole gesondert zu sprechen, weil sie für übersinnliche Botschaften entscheidend sind. Es kommt oft vor, dass Sie Symbole erhalten und nicht etwas, das Sie leicht interpretieren können. Geistführer senden Symbole, damit Sie an der Interpretation arbeiten können. Es kann zum Beispiel sein, dass Sie in Ihrer Trance Bilder von einem Babybett sehen. Das könnte bedeuten, dass Ihre Versuchsperson die Geburt eines Kindes erleben wird. Wenn Sie die Symbole nicht sofort entschlüsseln können, machen Sie sich keine Sorgen. Nehmen Sie sich einfach Zeit, bis Sie sie entschlüsselt haben. Mit der Zeit können Sie sogar mit Ihren Geistführern zusammenarbeiten, um die wörtlichen Bedeutungen der empfangenen Symbole zu entschlüsseln.

Die Entwicklung von Hellsichtigkeit ist einfach eine der unterhaltsamsten Dinge, die man tun kann. Wie bei allem anderen, was bisher besprochen wurde, müssen Sie sich nur der Praxis widmen. Der Lernprozess kann aufregend sein. Vergessen Sie aber nicht, nett zu sich selbst zu sein. Auch wenn Sie keine Fortschritte sehen, sollten Sie so lange üben, bis Sie es richtig können. Irgendwann werden Sie den Dreh raus haben.

Visualisierung von Zahlen

Als Hellsichtiger ist die Visualisierung Ihre Stärke. Sie können sich mit der Zeit zu einem Super-Visualisierer entwickeln. Je mehr Sie diese

Fähigkeit verfeinern, desto leichter wird es Ihnen fallen, sie einzusetzen. Denken Sie daran, dass Ihr drittes Auge für das übersinnliche Sehen zuständig ist. Deshalb konzentrieren sich diese Übungen auf das dritte Auge. Das bedeutet, dass Sie üben werden, die Bilder, Symbole und Visionen in Ihrem Kopf zu sehen.

Das Dritte-Auge-Chakra offen zu halten, ist der Schlüssel zum Empfang hellsichtiger Botschaften. Deshalb müssen Sie zuerst Ihr drittes Auge öffnen. Seien Sie sich bewusst, dass das Dritte-Auge-Chakra nicht beim ersten Versuch geöffnet werden kann. Natürlich sind dafür mehrere Sitzungen erforderlich. Ein paar Minuten Visualisierungsübungen pro Tag können Ihre hellseherischen Fähigkeiten deutlich verbessern.

Um Zahlen zu visualisieren:
- Schließen Sie Ihre Augen. Machen Sie eine kurze Atemübung.
- Stellen Sie sich die Zahl Eins in Ihrem Kopf vor. Halten Sie das Bild mindestens 10 Sekunden lang fest.
- Wenn Sie das geschafft haben, machen Sie mit der nächsten Zahl weiter, der Zwei.
- Stellen Sie sich die weiteren Zahlen vor, bis Sie bei Nummer zehn angelangt sind.

Machen Sie diese Übung fünf bis zehn Minuten pro Tag – je konsequenter, desto besser.

Hellsichtigkeitsspiel

Dieses Spiel wird mit einem Stapel Zener-Karten gespielt. Diese Karten haben verschiedene Formen, von Sternen bis hin zu Kreisen und Quadraten. Mit ihnen macht es Spaß, das Hellsehen zu üben, meist mit einem Partner. Sie können ein Päckchen bei Amazon bestellen oder in einem Geschäft in Ihrer Nähe kaufen. Sie können diese Karten auch selbst herstellen. Nehmen Sie einfach einige Karteikarten und zeichnen Sie verschiedene Formen darauf. Die Formen sollten einen Kreis, Wellenlinien, einen Stern, ein Quadrat und ein Pluszeichen enthalten.

- Setzen Sie sich Ihrem Partner gegenüber oder auf getrennte Stühle, so dass Sie sich den Rücken zuwenden.
- Nehmen Sie eine Karte, aber lassen Sie sie Ihren Partner nicht sehen. Nehmen wir an, Sie haben die Kreiskarte gewählt.

- Konzentrieren Sie sich darauf, den Kreis mit Ihrem dritten Auge zu sehen. Sobald sich das Bild in Ihrem Kopf gebildet hat, senden Sie es telepathisch an Ihren Spielpartner.
- Lassen Sie dann Ihren Partner wissen, dass Sie das Bild geschickt haben, und bitten Sie ihn, das Bild, das er erhalten hat, zu zeigen.
- Tauschen Sie die Plätze mit Ihrem Partner – werden Sie zum Empfänger, während er sendet.
- Wiederholen Sie die ersten Schritte wie beschrieben.

Sie können die Plätze so lange tauschen, wie Sie wollen. Damit es mehr Spaß macht, können Sie diese Übung auch am Telefon durchführen.

Kristalle

Wie im Kapitel über Hellfühligkeit erwähnt, sind Kristalle unglaublich gut geeignet, um übersinnliche Fähigkeiten zu entwickeln. Sie sind hervorragend geeignet, um das Dritte-Auge-Chakra zu öffnen. Sie können sie in Ihrem spirituellen Raum aufbewahren oder unter Ihr Kopfkissen legen, wenn Sie ins Bett gehen. Sie sind tragbar, deshalb können Sie sie auch mit sich herumtragen. Ich empfehle, sie bei sich zu tragen, weil sie Sie ständig an Ihre Absicht erinnern, jeden Tag an Ihren übersinnlichen Fähigkeiten zu arbeiten. Außerdem sind sie hübsch. Amethyst und Fluorit helfen dabei, das dritte Auge zu öffnen, und sie können Ihre übersinnlichen Fähigkeiten verbessern.

Traumtagebuch

Erinnern Sie sich daran, dass ich sagte, dass lebhafte Träume ein Zeichen für Hellsichtigkeit sind. Wenn Sie lebhafte Träume haben, sollten Sie sie nicht einfach gehen lassen. Die Aufzeichnung der Träume ist wichtig. Manchmal senden die Geister Botschaften durch das Traumportal. Wenn Sie Ihre Träume aufschreiben und analysieren, können Sie solche Botschaften entschlüsseln. Wenn Sie schlafen, hat Ihr Unterbewusstsein die volle Kontrolle über Ihren Körper. Dadurch können Sie geistige Führung freier annehmen, ohne dass sich Ihr logischer Verstand einmischt. Ihr logischer Verstand ist der Grund, warum Sie normalerweise übersinnliche Botschaften übersehen oder ignorieren.

Schlafen Sie mit Ihrem Tagebuch neben sich. Auf diese Weise können Sie Ihre Träume aufschreiben, wenn Sie wach sind. Nach einigen Tagen, Wochen oder Monaten bemerken Sie vielleicht Symbole und Muster, die eine Bedeutung haben. Diese Symbole können Sie an ein Erlebnis oder etwas über eine andere Person erinnern.

Der vielleicht beste Grund, warum Sie ein Traumtagebuch führen sollten, ist der, dass Sie so besser verstehen können, wie sich Ihre Fähigkeiten entwickeln. Es gibt nichts Inspirierenderes und Motivierenderes, als seine Fortschritte zu sehen. Es hilft Ihnen, Ihre Bemühungen mehr zu schätzen.

Meditation zur Öffnung des dritten Auges

Traditionelle Meditation kann helfen, die Fähigkeit des Hellsehens zu entwickeln. Es gibt jedoch Meditationen, die speziell auf das dritte Auge ausgerichtet sind. Sie sind viel effektiver und schneller für jemanden, der sich auf einem spirituellen Entwicklungsweg befindet. Das dritte Auge kann Ihnen helfen, mentale Blockaden, Energien und andere Erfahrungen in ihrer vollen Kraft und Stärke zu sehen.

Wie ich schon sagte, fragen Sie sich vielleicht, warum das dritte Auge nicht schon geöffnet ist. Das dritte Auge bleibt meist geschlossen und schläft. Wenn Sie nicht aktiv daran arbeiten, es zu öffnen, wird es sich vielleicht nie öffnen - was erklärt, warum sich viele Menschen ihrer Fähigkeiten nicht bewusst sind. Das Öffnen des dritten Auges kann zwar helfen, aber es ist wichtig zu lernen, das dritte Auge nach Belieben zu öffnen und zu schließen. Andernfalls lassen Sie Ihr spirituelles Portal für alle Arten von intuitiven Treffern offen. Wenn Sie nicht regulieren, wann, wie und wo Sie übersinnliche Eindrücke empfangen, kann dies Ihr Leben in alarmierendem Ausmaß stören.

Wie andere Meditationsarten sollte die Meditation des dritten Auges in einer ruhigen und friedlichen Umgebung durchgeführt werden, um von den beruhigenden Schwingungen zu profitieren.

- Setzen Sie sich bequem auf den Boden oder einen Stuhl. Halten Sie Ihre Wirbelsäule aufrecht, die Schultern entspannt und die Handflächen auf den Knien. Lösen Sie die Anspannung von Bauch, Kiefer und Gesicht. Jeder Teil Ihres Körpers sollte sich entspannt anfühlen und für die einströmende Energie offen sein.

- Führen Sie Daumen und Zeigefinger zusammen, während Sie sanft die Augen schließen. Atmen Sie langsam ein und atmen Sie durch die Nase aus. Schauen Sie mit geschlossenen Augen nach oben, wo sich Ihr drittes Auge befindet. Sie können auch Ihre Finger benutzen, um die genaue Position zu bestimmen.
- Entspannen Sie Ihren Blick, während Sie sich auf Ihr drittes Auge konzentrieren. Atmen Sie langsam weiter, bis ein weißes Licht erscheint. Erlauben Sie dem weißen Licht, sich auszubreiten und Sie zu umgeben.
- Treten Sie in einen transzendentalen Zustand der Energieheilung ein, während das Licht Sie umgibt. Ihr Fokus wird sich auf der höchsten und kraftvollsten Ebene befinden.
- Lassen Sie jeden schlechten Gedanken, jedes schlechte Gefühl und jede schlechte Energie aus Ihrem Blickfeld verschwinden. Konzentrieren Sie sich einfach darauf, die Potenziale Ihres Dritte-Auge-Chakras zu verbessern.

Verharren Sie bis zu 20 Minuten lang in dieser Position. Das Abspielen von Entspannungsmusik im Hintergrund kann Ihre Konzentration weiter verbessern. Beenden Sie die meditative Sitzung nach 20 Minuten, indem Sie die Handflächen zum Herzen führen und aneinander reiben. Nachdem Sie die Augen geöffnet haben, bleiben Sie noch einige Minuten sitzen, bevor Sie aufstehen und zu Ihrem Alltag zurückkehren.

Diese Meditationsübung kann jeden Tag wiederholt werden, bis Sie sicher sind, dass Ihr drittes Auge ausreichend geöffnet ist.

Im Folgenden finden Sie eine weitere einfache Übung für das dritte Auge:

- Sitzen Sie in der üblichen Position.
- Legen Sie als Absicht fest, Ihr drittes Auge zu öffnen und Ihre hellseherischen Fähigkeiten zu verbessern
- Konzentrieren Sie sich auf den Bereich, in dem sich Ihr drittes Auge befindet.
- Visualisieren Sie das Chakra in einer wunderschönen violetten Farbe, die sich majestätisch dreht, während es sich immer weiter öffnet.

Es kann sein, dass Sie ein Kribbeln zwischen Ihren Augenbrauen verspüren, wenn Sie diese Übungen durchführen. Das bedeutet, dass sich Ihr drittes Auge öffnet. Freuen Sie sich, denn das ist ein Zeichen dafür, dass Sie mit Ihren hellseherischen Gaben aufblühen werden.

Nun, da Sie wissen, wie Sie die drei übersinnlichen Fähigkeiten beherrschen, die Ihre Reise als Medium bestimmen werden, lassen Sie uns Kontakt mit der Geisterwelt aufnehmen. Es wird Spaß machen!

Kapitel Neun: Kontaktaufnahme mit der Geisterwelt

"Denke den Gedanken,
  Sieh das Bild,
  Entwickle ein Gefühl.
  Antworte mit dem Körper,
  Schaffe die Ergebnisse."
  −James E. Melton

Die Zeit der Kontaktaufnahme mit der Geisterwelt ist gekommen. Die Frage ist nur, wie Sie das anstellen. Alles, was Sie bis jetzt gelernt haben, ist eine Vorbereitung darauf. Wenn Sie alles, was Sie in diesem Buch gelernt haben, richtig befolgen, wird die Kontaktaufnahme mit der Geisterwelt so sein, als würden Sie kurz bei Ihrem besten Freund zu Hause anrufen.

Vergessen Sie alles, was Sie zu wissen glauben. Selbst wenn Sie schon einmal ein jenseitiges Wesen gesehen haben, ist dies etwas anderes. Geister zu *channeln* oder eine Kommunikation mit der Geisterwelt herzustellen, fühlt sich realer und intensiver an, wenn Sie mittendrin sind. Das Fühlen von Geistern ist flüchtig und spontan. Es handelt sich jedoch um eine bewusste Handlung, für die Sie sich in der bestmöglichen Verfassung befinden müssen.

Ich habe den Prozess der Vorbereitung auf die Kontaktaufnahme mit der geistigen Welt erklärt. Wie gesagt, müssen Sie die Intention festlegen und sich vor unsichtbaren Kräften und Geistern schützen. Bevor Sie die Verbindung herstellen, sollten Sie sich vergewissern, dass Ihr Schutz intakt und funktionsfähig ist. Setzen Sie die Intention eindeutig und klar fest.

Im Folgenden finden Sie eine Übersicht über die Schritte, die Sie zur Vorbereitung unternehmen müssen:

- Meditieren Sie, um Ihren Geist zu reinigen und Ihre Schwingungen zu verstärken.
- Führen Sie die Schutzübung durch, um eine schützende Hülle um sich bilden.
- Legen Sie Ihre Intention fest.

Ihre Intuition muss auf dem höchstmöglichen Niveau und Ihre spirituelle Energie muss robust sein. Da Sie wahrscheinlich zum ersten Mal mit einem Geist in Kontakt treten, sollten Sie einen vertrauten Geist anrufen. Zum Beispiel ein Familienmitglied oder einen Freund, der auf die andere Seite übergegangen ist. Mit der Zeit können Sie auch Geister kontaktieren, die nicht direkt mit Ihnen verbunden sind.

In einem spiritistischen Umfeld wird der Prozess der Kontaktaufnahme mit einem jenseitigen Wesen oft als Séance bezeichnet. Der wörtlichen Bedeutung nach muss eine Séance jedoch von mindestens acht Personen abgehalten werden. Bei einer Séance benutzt der angerufene Geist das Medium als Vehikel.

Lassen Sie sich bei Ihrer ersten Übung nicht von einem Geist – ob bekannt oder nicht – besitzen. Das kostet nicht nur viel Lebensenergie, sondern ist auch potentiell gefährlich. In diesem Kapitel werden zwei nützliche Techniken zur Kontaktaufnahme mit der geistigen Welt erläutert. Die erste ist eine formale Technik, um mit dem Geist in Verbindung zu treten, während die zweite eine Methode ist, die als „Spiegelblick" bezeichnet wird.

Es gibt so viele Regeln, die Sie beachten müssen, wenn Ihre Séance ein Erfolg werden soll. Diese Regeln mögen zu viel erscheinen, aber sie sind für Ihre Sicherheit unerlässlich. Die Einhaltung des richtigen Rahmens ist der Schlüssel zu einer gelungenen Séance. Es ist verständlich, dass Sie beim ersten Mal vielleicht ein paar Dinge übersehen. Aber mit der Zeit werden die Regeln und Schritte zur zweiten Natur. Wenn Sie diesen Punkt erreicht haben, werden Sie im Vergleich zum ersten Mal eine vergleichsweise reibungslose Erfahrung machen.

Hier sind die Regeln:

- Seien Sie nicht skeptisch gegenüber der Erfahrung, die Sie machen werden. Skepsis zieht negative Energie an, die die Geister vertreibt. Selbst wenn der Geist erscheint, kann er die Kommunikation blockieren und beeinträchtigen. Vertrauen Sie sich selbst und Ihren Fähigkeiten.
- Lassen Sie den beschworenen Geist in Ruhe, wenn er nicht den Kontakt aufnimmt. Wenn er irgendwelche Anzeichen von Widerstand zeigt, erlauben Sie ihm, sich zurückzuziehen. Belästigen Sie Geister nicht. Sie werden Sie informieren, wenn sie eine Botschaft für Sie haben.
- Vermeiden Sie es, Geister nur aus Neugierde zu *channeln*. Tun Sie dies nicht zum Spaß – es ist nicht zu Ihrer Unterhaltung oder Belustigung gedacht. Nehmen Sie nur dann Kontakt auf, wenn Sie Fragen zu stellen haben. Bereiten Sie Ihre Fragen vor, bevor Sie sie stellen. Seien Sie bei Ihren Fragen konstruktiv.
- Akzeptieren Sie die Antworten, die Sie erhalten, ohne den Geist zu hinterfragen. Auch wenn sie für Sie anfangs keinen Sinn ergeben, werden Sie später die Bedeutung entschlüsseln. In der Zwischenzeit empfangen Sie die Antworten.
- Geister gehen schnell Bindungen ein. Erschrecken Sie nicht, wenn der Geist versucht, Sie zu berühren oder mit Ihnen zu sprechen. Aber niemals sollten Sie das Wesen zuerst berühren – es sei denn, es signalisiert Ihnen, dass es in Ordnung ist.
- Erfinden oder verdrehen Sie die Informationen, die Sie erhalten, nicht. Übertreiben Sie nicht, gehen Sie nicht bis zum Äußersten, um der Situation eine bestimmte Bedeutung abzugewinnen. Vermeiden Sie persönliche Beobachtungen, auch wenn sie noch so verlockend sind.
- Führen Sie niemanden mit den Informationen, die Sie erhalten, an der Nase herum. Vermeiden Sie es, sich auf unvollständige Informationen zu verlassen, die auf verschiedene Weise interpretiert werden können. Wenn es nötig ist, bitten Sie die Erscheinung, die Botschaft genauer zu formulieren.
- Es gibt mehrere Türen im geistigen Bereich. Seien Sie vorsichtig, welche Sie öffnen.

Lesen Sie alle Regeln immer wieder durch, bis sie in Ihrem Kopf widerhallen. Versuchen Sie nicht, mit der geistigen Welt in Kontakt zu treten, bevor Sie nicht sicher sind, dass Sie diese Regeln beherrschen. Das ist der Schlüssel zum richtigen Mediumismus. Eine gut koordinierte Vorbereitung ist erst dann vollständig, wenn Sie die Regel zweimal überprüft haben. Die Regeln zu lernen ist eine Sache, sie einzuhalten ist eine ganz andere Sache. Befolgen Sie alles Besprochene.

Technik 1: Formeller Kontakt mit dem Geist

Sie haben gelernt, wie Sie sich geistig auf die spirituelle Welt vorbereiten können. Auch die körperliche Vorbereitung ist ein Muss. Es gibt bestimmte Überlegungen, die Sie anstellen müssen, um eine angenehme Umgebung zu schaffen. Der Veranstaltungsort muss kohärent und benutzerfreundlich sein. Das bedeutet nicht, dass Sie sich übermäßig um all die kleinen Details kümmern müssen. Aber natürlich gibt es Dinge, die Sie tun sollten.

- Erwägen Sie, die Geisterwelt am Abend zu kontaktieren – 20.00 Uhr ist eine ausgezeichnete Zeit für die Sitzung.
- Schreiben Sie Ihre Fragen an den Geist auf.
- Wählen Sie den Geist aus, den Sie kontaktieren wollen.
- Wählen Sie einen stillen Raum mit einem Tisch in der Mitte.
- Schalten Sie alle Radios, Fernsehgeräte, Telefone und Stereoanlagen in Ihrem Gebäude aus.
- Kleben Sie einen „Bitte nicht stören"-Zettel an die Tür Ihres Übungsraums.
- Dimmen Sie das Licht im Raum. Schalten Sie es aus, wenn es sich nicht dimmen lässt. Zünden Sie zwei Duftkerzen an, damit Sie den Raum ausreichend beleuchten können.
- Sie können eine Schale mit Blumen auf den Tisch stellen, wenn der Geist eine wünscht.
- Stellen Sie eine Schale mit Wasser auf den Tisch – die Geister kommunizieren manchmal über das Wasser.
- Stellen Sie eine Schale mit Bonbons auf den Tisch – sie sind ideal, um schnell Energie zu tanken.

Jetzt sind Sie an dem Punkt angelangt, an dem Sie einen Geist aus der jenseitigen Welt herbeirufen. Die fortgeschrittensten Medien haben diese Schritte seit Jahren angewandt. Wenn Sie sie wie beschrieben befolgen, werden sie auch bei Ihnen zweifellos funktionieren. Vergessen Sie nie, dass die Absicht der Schlüssel zum erfolgreichen Kontakt ist.

1. 1. Setzen Sie sich an den Tisch. Versetzen Sie sich in einen entspannten und ruhigen Zustand, indem Sie sich auf anregende Gedanken konzentrieren.
2. 2. Konzentrieren Sie sich mindestens 10 Minuten lang auf Atemübungen. Atmen Sie so tief wie möglich, bis Sie sicher sind, dass Sie in der richtigen mentalen Verfassung sind, um zu beginnen.
3. 3. Legen Sie die Handflächen nach unten auf den Tisch. Spreizen Sie Ihre Finger flach aus, um die Energie durch Ihre Hände zu kanalisieren.
4. 4. Rezitieren Sie nun Ihren Schutzschwur, um die Schutzhülle um Sie herum zu verstärken. Wiederholen Sie den Schwur dreimal, während Sie Ihre Schwingung erhöhen, um eine Trance einzuleiten. Achten Sie darauf, dass Ihre Augen geschlossen sind.
5. 5. Sobald Sie in Trance sind, rufen Sie Ihren Geistführer, damit er an der Sitzung teilnimmt. Einige der Empfindungen, die Sie haben werden, wenn Ihr Geistführer kommt, sind Kribbeln, Streicheln im Gesicht, Klingeln in den Ohren und Flüstern im Raum. Vielleicht haben Sie in diesem Moment sogar eine Vision.
6. 6. Rufen Sie den Geist, mit dem Sie kommunizieren wollen, in einem festen, aber ruhigen Ton an. „Lieber Verstorbener, hast du eine Nachricht für mich?" „Bitte komm zu mir durch." „Ich bin bereit für dich." „Darf ich Fragen stellen?"

Manchmal müssen Sie Ihre Fragen vielleicht ein paar Mal wiederholen. Fangen Sie nicht an zu sprechen, bevor Sie ein geistiges Bild erhalten, das zeigt, dass der Geist sich freut, in Ihrer Gegenwart zu sein. Sie können sprechen, wenn der Geist die Kommunikation einleitet.

Am besten ist es, nicht ungeduldig zu sein. Wenn der Kontakt nicht sofort zustande kommt, sollten Sie ihn nicht erzwingen. Sie können den Fluss nicht erzwingen. Auch wenn der Geist in Ihrer Gegenwart ist, erhöhen Sie Ihre Schwingungsebene. Das verhindert eine abrupte Trennung von der geistigen Welt oder dem Geist, der bei Ihnen ist.

Wenn Sie das Gefühl haben, Ihr Ziel erreicht zu haben, können Sie die Sitzung mit dem Abschlussschwur beenden.

„Ich danke dir für das Wissen, das du mir vermittelt hast. Ich danke dir"

Wenn der Geist sich weigert, zu gehen:

„Danke, dass du mich begleitet hast, aber es ist Zeit zu gehen. Geh mit meiner Liebe, denn dein Leben ist vorbei. Lass mich mit meinem Leben zurück. Geh mit Liebe und Licht."

Das war's – Sie haben erfolgreich Kontakt mit einem Wesen aus der geistigen Welt aufgenommen und mit ihm kommuniziert.

Denken Sie an zwei wichtige Dinge: Es gibt überall in den geistigen Ebenen (Paralleldimension) Geister und Gespenster, und die Realität, die Sie für die Geister in dieser Dimension schaffen, ist die einzige, die sie haben. Indem Sie die Intensität Ihres Schwingungsniveaus und Ihren Glauben erhöhen, können Sie jeden Geist, den Sie wollen, in diese Dimension holen.

Warum brauchen Sie die Anwesenheit Ihres Geistführers, bevor Sie mit der geistigen Welt Kontakt aufnehmen?

Als Anfänger brauchen Sie vielleicht zusätzliche Hilfe, um Ihre Verbindung zu den kosmischen Dimensionen zu stärken. Bitten Sie Ihren Geistführer, Ihnen bei der Kontaktaufnahme mit der von Ihnen gewünschten verstorbenen Seele zu helfen. Wenn Sie dies tun, wird Ihr Geistführer dorthin gehen, wo sich dieser Geist befindet, und ihn fragen, ob er an einem Treffen mit Ihnen interessiert ist. Wenn der Geist zustimmt, kommt er durch die Öffnung, die Sie geschaffen haben. Andernfalls kann es zu einem gewissen Hin und Her kommen, bis der Geist zustimmt.

Sie sollten sich darüber im Klaren sein, dass die verstorbenen Seelen Ihnen nichts schuldig sind, daher können sie sich entscheiden, nicht zu kommen, wenn Sie sie herbeirufen. Es kann sein, dass der Geist, den Sie suchen, keinen Wunsch hat, mit dieser Ebene in Kontakt zu treten. Nehmen wir an, das passiert. Dort müssen Sie ihre Wünsche respektieren. Insistieren Sie nicht, wenn Sie nicht als Problem angesehen werden wollen.

Technik 2: Blick in den Spiegel

Die Methode des „Blicks in den Spiegel" wird auch Psychomanteum genannt. Die modernen Techniken, die ich hier erkläre, basieren auf der ursprünglichen Methode, die im antiken Griechenland ihren Anfang nahm. Viele Menschen haben den „Blick in den Spiegel" erfolgreich genutzt, um mit Geistern in Kontakt zu kommen. Die ursprüngliche Methode aus Griechenland ist kompliziert und nur für fortgeschrittene Medien geeignet. Es handelt sich um eine vereinfachte Version, die für die Kommunikation mit Geistern ebenso effektiv ist.

Diese Technik wurde von Dr. Raymond Moody entwickelt, einem Psychologen und Philosophen, der den Begriff „Nahtoderfahrung" geprägt hat. Um seine Technik des Spiegelblicks zu praktizieren, brauchen Sie nur einen Spiegel, sonst nichts. In der Vergangenheit brauchten die alten Griechen Tieropfer, um ihre Toten herbeizurufen. Das Psychomanteum ähnelt der Praxis des Hellsehens. Der einzige Unterschied zwischen beiden ist, dass beim Hellsehen eine Kristallkugel verwendet wird.

Um einen Geist anzurufen oder mit der Geisterwelt in Kontakt zu treten, sind mehrere Schritte erforderlich, um eine erfolgreiche Sitzung mittels eines Spiegels durchzuführen. Sie umfassen:

- **Nahrung:** Nehmen Sie einen Tag vor Ihrer Sitzung kein Koffein und keine Milchprodukte zu sich. Obst und Gemüse tragen dazu bei, Sie in einen friedlichen Geisteszustand zu versetzen.
- **Ort:** Wählen Sie einen ruhigen Ort für die Sitzung. Wenn Sie bereits einen heiligen psychischen Raum eingerichtet haben, dann ist das perfekt. Nutzen Sie diesen Ort.
- **Kleidung:** Entfernen Sie jeglichen Schmuck. Legen Sie weite, bequeme Kleidung an.
- **Spiegel:** Stellen Sie einen Ganzkörperspiegel vor einen bequemen Stuhl. Stellen Sie ihn so auf, dass Sie ihn betrachten können, ohne Ihre Augen zu überanstrengen. Achten Sie darauf, dass Sie Ihr Spiegelbild nicht sehen können.
- **Stuhl:** Setzen Sie sich auf den Stuhl und stützen Sie Ihren Kopf.
- **Haltung:** Lösen Sie die Spannung aus Ihrem Körper und entspannen Sie Ihre Haltung.

- **Bewusstsein:** Erhöhen Sie Ihr Bewusstsein, um den Übergang zu erleichtern.
- **Musik:** Beruhigen Sie Ihren Geist, indem Sie etwa 15 Minuten lang schöne Musik hören. Dies stimuliert das Bewusstsein zusätzlich.
- **Erinnerungen:** Wählen Sie einen oder mehrere persönliche Gegenstände des Verstorbenen, mit dem Sie Kontakt aufnehmen möchten. Halten Sie sie in den Händen und lassen Sie die Erinnerungen in Ihren Geist strömen. Bilder, Videos und alles andere, was mit dem Geist verbunden ist, kann helfen.
- **Kerze:** Zünden Sie eine Kerze hinter sich an. Dimmen Sie das Licht im Raum auf die ideale Stufe. Die Dämmerung ist die beste Zeit zum Üben, also passen Sie das Licht entsprechend an.

Nachdem Sie alle oben genannten Schritte der Reihe nach ausgeführt haben, werden sich Ihre Arme schwer anfühlen, und Sie werden ein leichtes Kribbeln in Ihren Finger verspüren. Sie werden spüren, wie Sie in einen tranceähnlichen, meditativen Zustand fallen. Der Spiegel könnte ein wolkiges Aussehen annehmen, als ob Sie auf einen bedeckten Himmel blicken würden. Bleiben Sie in diesem Moment passiv. Jede gegenteilige Handlung kann Sie aus Ihrem hypnagogischen Zustand herausreißen und die Verbindung, die Sie gerade herstellen, stören.

Die Erfahrung dauert vielleicht nicht länger als eine Minute, da Sie Anfänger sind. Fortgeschrittene haben oft sehr viel längere Erfahrungen. Zu den Erfahrungen, die Sie während einer Spiegelsitzung machen können, gehört das Sehen von verstorbenen Geistern und möglicherweise von zukünftigen Ereignissen. Die richtige Vorbereitung ist entscheidend für einen erfolgreichen Spiegelblick - stellen Sie sicher, dass Sie alle gegebenen Anweisungen befolgen.

Wie immer sollten Sie die Ereignisse Ihrer Spiegelsitzungen aufzeichnen. Üben Sie mindestens einmal pro Woche, um Ihre Fähigkeiten zu verbessern und mit verschiedenen Wesenheiten aus den geistigen Dimensionen zu kommunizieren.

Kapitel Zehn: Finden Sie Ihre Geistführer

„Der Gedanke, dass die Welt ohne dich weitergeht, dass du zu einem Nichts wirst, ist sehr schwer zu ertragen.

−Thomas Nagel

Jeder Mensch hat ein spirituelles Team, unabhängig von seiner Persönlichkeit oder seinem Hintergrund. Geistführer existieren, um Ihnen zu helfen und Sie auf Ihrem Weg zur Erfüllung Ihrer Bestimmung zu unterstützen. Ganz gleich, wo Sie sich gerade im Leben befinden, die Geistführer müssen Ihnen hilfreiche Botschaften schicken. Sie sind mit unendlicher Weisheit gefüllt, die niemals versiegen kann. Diese Seelen haben in der Vergangenheit mehrere Leben gelebt, daher wissen sie genau, wie es ist, das Leben zu erfahren.

Geistführer können Ihnen bei allem helfen, was Sie wollen. Wenn etwas für Sie von Bedeutung ist, dann ist es auch für sie wichtig. Sie sind Ihre Geistführer, weil sie zu Lebzeiten mit positiver Energie erfüllt waren, und selbst jetzt sind sie höherdimensionale Wesen. Sollten Sie sich fragen, wie Sie Ihre einzigartigen Geistführer finden können, damit Sie aus der Quelle ihrer Weisheit trinken und nach Belieben mit ihnen kommunizieren können, so habe ich eine Erklärung für Sie.

Es gibt verschiedene Arten von Geistführern. Einige existierten schon als Führer, lange bevor Sie auf dieser Ebene geboren wurden. Andere traten Ihrem Team bei, als sich das Bedürfnis nach ihnen zu verschiedenen Zeitpunkten in Ihrem Leben manifestierte. Sie können auch weitere Geistführer zu Ihrem Team hinzufügen, wenn Sie dies wünschen. Schließlich sind sie Ihre spirituelle Truppe.

Ich habe bereits erwähnt, dass jeder Mensch in der Regel ein spirituelles Team hat, dem bis zu sechs Führer angehören. Jeder Führer hat unterschiedliche Aufgaben und Verpflichtungen. Dies sind die Arten von Führern, aus denen Ihr spirituelles Team besteht.

Erzengel

Die Erzengel leiten die Ebene, in der die Engel residieren. Sie sind mächtige Wesen mit einer gewaltigen Energiesignatur. Wo immer sie auftauchen oder zu Besuch sind, können Sie ihre Wirkung sofort spüren. Wenn ein Erzengel in Ihrer Gegenwart erscheint, werden Sie eine buchstäbliche Energieverschiebung in Ihrer Umgebung spüren. Erzengel sind in der Regel auf ein bestimmtes Gebiet spezialisiert. Ihr Erzengel könnte ein Spezialgebiet im Bereich der Heilung haben. Der Erzengel Raphael gilt allgemein als der Engel der Heilung, der die Macht hat, sich um unzählige Menschen gleichzeitig zu kümmern.

Schutzengel

Im Gegensatz zu den Erzengeln sind die Schutzengel ausschließlich Ihnen zugewiesen. Jeder Mensch hat mindestens drei von ihnen, die ihr Leben der Aufgabe gewidmet haben, nur Ihnen zu helfen. Wann immer Sie sofortige Hilfe benötigen, sind Ihre Schutzengel die richtigen Ratgeber, die Sie anrufen können. Ihre Liebe zu Ihnen ist bedingungslos und immerwährend. Sie werden Ihnen von Anfang bis Ende zur Seite stehen. Selbst wenn Sie große Fehler machen, werden sie Sie nicht züchtigen. Stattdessen werden sie Wege finden, um mit Ihnen zusammenzuarbeiten und die Fehler zu korrigieren. Ihre Schutzengel sind überkonfessionell, das heißt, sie arbeiten mit Ihnen zusammen, unabhängig von Ihren spirituellen Überzeugungen oder Ihrem Glauben.

Geisttier

Ihr Geisttier könnte ein Haustier sein, das verstorben ist und sich nun Ihrem spirituellen Team angeschlossen hat. Ein Geisttier wird immer ein Teil Ihrer Mannschaft sein, auch wenn Sie nie ein Haustier hatten. Wichtig ist, dass das Tier die Weisheit hat, Sie zu lehren und zu führen. Ein Pfau in Ihrem spirituellen Team könnte Sie die Schönheit Ihrer Fähigkeiten lehren, während ein Wolf Ihnen zeigen könnte, wie Sie mit ihm in der Welt überleben können. Geisttiere können Ihnen im Traum, auf einer Kaffeetasse oder in Ihrem Garten erscheinen. Sie können sie anrufen, wann immer Sie sich Trost und Gesellschaft wünschen.

Aufgestiegene Meister

Es ist ein großartiges Gefühl, einen Aufgestiegenen Meister in Ihrem Team zu haben. Mit der Menge an Weisheit und Erfahrung, die sie auf der physischen Ebene gesammelt haben, verfügen sie über die notwendigen Voraussetzungen, um Ihnen bei Ihrem spirituellen Wachstum und Ihrer Entwicklung zu helfen. Sie können Ihnen auch helfen, spirituellen Einfluss aufzubauen. Aufgestiegene Meister gelten als Führer in den spirituellen Dimensionen und als Lehrer für diejenigen in der physischen Dimension. Alle Meister arbeiten zusammen, um im gesamten Universum Harmonie zu schaffen. Sie werden nicht durch Religion und Kultur definiert.

Verstorbene geliebte Menschen

Geliebte Menschen, die auf die andere Seite gegangen sind, entscheiden sich manchmal dafür, ein Teil der eigenen Geistführer zu sein. Da sie jetzt höherdimensionale Wesen sind, können sie Ihnen praktisch von den höchsten Ebenen aus helfen. Sie können Ihnen Arbeitsmöglichkeiten und gesunde Beziehungen schicken. Eine Urgroßmutter, die schon lange verstorben ist, kann Teil Ihres spirituellen Teams sein, ob Sie sie in diesem Leben kannten oder nicht. Auch Geister, die Sie nicht kennen, können sich Ihrem Team anschließen, weil sie Ihnen helfen wollen, Großes zu erreichen.

Helfende Engel

Sie sind wie Freiberufler, die Sie in Ihrem Team haben. Sie sind nur dazu da, Ihnen in kniffligen oder besonderen Situationen zu helfen. Sie können Ihnen zum Beispiel helfen, einen neuen Raum für Ihr Unternehmen oder neue Freunde zu finden.

Es ist eine Tatsache, dass es Geistführer gibt, die Ihnen auf Ihrer Reise durch das Leben helfen. Aber eine Frage, die ich oft von neugierigen Kunden bekomme, lautet: „Können sich Geistführer irren?"

Diese Frage ist entscheidend und brisant. Viele Menschen fragen sich oft, ob Geistführer unentschlossen sind. Können sie Ihnen sagen, Sie sollen diesen Weg gehen, nachdem sie Ihnen gesagt haben, Sie sollen jenen Weg gehen?

Erstens: Glauben Sie nicht eine Minute lang, dass Ihre Geistführer unentschlossen oder verwirrend sind. Zweitens: Die spirituelle Entwicklung erfordert, dass Sie sich jederzeit von Ihrem Geist leiten lassen. Das ist jedoch nicht so einfach, wie es klingt. Jedes neue Medium findet es schwierig, der Führung seiner Intuition zu vertrauen.

Wenn Sie es nicht gewohnt sind, Unterstützung von Ihrer Familie oder Ihren Freunden zu bekommen, kann es eine Herausforderung sein, Ihren Führern zu vertrauen. Wenn Sie sich anfangs überwältigt und verwirrt fühlen, erinnern Sie sich daran, dass Sie neben Ihrer spirituellen Gruppe noch andere unglaubliche Helfer haben.

Zum einen haben Sie Ihr Höheres Selbst - auch Ihr authentisches Selbst, Ihr inneres Wesen oder Ihre Seele genannt. Wenn Sie die spirituelle Führung Ihres spirituellen Teams in Anspruch nehmen, ist Ihr Höheres Selbst stets präsent, um Sie bei Ihren Entscheidungen zu unterstützen. Ihr Höheres Selbst ist die weiseste und selbstbewussteste Version von Ihnen.

Zum anderen sollten Sie verstehen, dass Ihre Geistführer immer für Ihr höchstes Wohl arbeiten werden. Deshalb sind sie Teil Ihres Teams. Sie werden Sie daher niemals in die falsche Richtung lenken. Das heißt aber nicht, dass sie die volle Kontrolle über Ihr Leben haben. Sie sind immer noch der entscheidende Herr über Ihr Leben. Die Geistführer sind dazu da, Sie zu unterstützen.

Die Antwort auf diese Frage ist also nein. Ihre Führer werden Sie nie in die falsche Richtung lenken. Aber vielleicht entscheiden Sie sich manchmal dafür, dem von Ihren Führern empfohlenen Weg nicht zu folgen. Das ist auch in Ordnung. Bevor Sie eine Entscheidung treffen, denken Sie daran, dass Ihre Geistführer immer zu Ihrem höchsten Wohl arbeiten. Sie wollen das Beste für Sie, und das spiegelt sich in ihrer Führung wider.

Verbinden Sie sich mit Ihren Geistführern

Es gibt praktische Strategien, um mit Ihren Führern in Verbindung zu treten. Es sind einfache Dinge, die Sie in Ihr tägliches Leben integrieren können. Die Verbindung mit Ihrem spirituellen Team ist wie das Erlernen eines neuen Rezepts. Am Anfang wissen Sie nicht, was Sie tun. Aber wenn Sie die richtigen Anweisungen haben und sich daran halten, werden Sie sie mit der Zeit beherrschen. Hier sind einige der besten und einfachsten Möglichkeiten, sich mit Ihrem spirituellen Team zu verbinden.

1. Achtsamer und präsenter sein

Ohne Achtsamkeit ist es unmöglich, Führung von Ihrem spirituellen Team zu erhalten. Im täglichen Leben präsent zu sein ist entscheidend, um die Zeichen und Botschaften zu erkennen, die von den höheren

Ebenen gesendet werden. Die meiste Zeit übersehen Sie die Zeichen, weil Sie zu sehr in andere Aktivitäten vertieft sind oder sich zu sehr um andere Dinge sorgen. Nehmen Sie sich aktiv Zeit in Ihrem Zeitplan und widmen Sie sie der Einübung von Achtsamkeit. Nehmen Sie sich nach der Meditation mindestens 15 Minuten Zeit, um einfach Ihre Umgebung wahrzunehmen und sich auf der Erde zu erden.

2. Achten Sie auf Anzeichen

Egal, ob Sie den Bus zur Arbeit nehmen oder mit dem Auto fahren, erinnern Sie sich immer daran, dass Ihre Führer Botschaften für Sie haben. Lassen Sie sich nicht davon ablenken, wenn Sie morgens Ihr Bad nehmen. Je mehr Sie sich darauf vorbereiten, Zeichen zu empfangen, desto schneller können Sie sie erkennen, wenn sie eintreffen. Es wird interessant – je mehr Ihr spirituelles Team spürt, dass Sie aufmerksamer und wachsamer für ihre Botschaften sind, desto mehr Botschaften werden Ihnen geschickt, um Ihnen zu helfen. Seien Sie immer aufmerksam, wenn Sie eine große Entscheidung zu treffen haben – die Führung nimmt in solchen Situationen zu.

3. Führen Sie ein Geistführer-Tagebuch

Der Zweck eines Geistführer-Tagebuchs ist es, die Interaktion zwischen Ihnen und Ihren Geistführern zu verbessern. Verwenden Sie das Tagebuch nicht, um Ihre Fortschritte aufzuzeichnen, sondern besorgen Sie sich ein anderes Tagebuch. In Ihrem Geistführer-Tagebuch können Sie Briefe an Ihr Team schreiben und um konkrete geistige Unterstützung bitten. Ihren freien Willen zu nutzen, um Führung zu suchen, ist mächtig. Sie können auch Zeichen von ihnen auf dieser bemerkenswerten Reise aufzeichnen.

Machen Sie es zu einer wöchentlichen Aktivität, den Führern einen Brief zu schreiben. Zeigen Sie Ihre Wertschätzung und Dankbarkeit für ihre Anwesenheit in Ihrem Leben. Denken Sie an alles, bei dem sie Ihnen in letzter Zeit geholfen haben, und bedanken Sie sich. Bitten Sie dann in den nächsten Sätzen um Hilfe in einer bestimmten Situation. Halten Sie im Laufe der Woche Ausschau nach Übereinstimmungen mit der Situation, für die Sie um Hilfe gebeten haben.

4. Geben Sie Ihren Führern Namen

Wenn Sie Ihren Geistführern, insbesondere Ihren Schutzengeln, einen Namen geben, verbessern Sie Ihre Fähigkeit, sich mit ihnen zu verbinden. Sie fühlen sich dadurch noch realer an, als sie es ohnehin schon sind, und Namen drängen Sie dazu, sich noch regelmäßiger mit ihnen zu verbinden. Wenn Sie ihnen Namen geben, sind Sie Ihren Geistführern näher als je zuvor. Wenn Sie im Laufe der Zeit eng mit ihnen zusammenarbeiten, werden Sie vielleicht sogar beginnen, ihre Persönlichkeiten zu enträtseln. Nutzen Sie Ihre Intuition, um Namen für Ihre Geistführer auszuwählen, oder lassen Sie einfach Ihrer Kreativität freien Lauf.

5. Verwenden Sie übersinnliche und Wahrsagewerkzeuge

Hilfsmittel wie Tarotkarten, Pendel, Kristalle oder Ouija-Bretter können Ihre Verbindung mit den Geistführern verstärken. Seit Jahren kommunizieren die Menschen mit der Geisterwelt durch übersinnliche Hilfsmittel. Obwohl ich neuen Medien grundsätzlich empfehle, keine Hilfsmittel zu benutzen, können Sie, je nachdem, wie weit Sie in Ihrer Ausbildung sind, mit der Verwendung von Hilfsmitteln beginnen. In den ersten Monaten der Ausbildung ist es die beste Entscheidung, sich von Wahrsagewerkzeugen fernzuhalten. Sie können sie jedoch verwenden, sobald Sie den Mediumismus und die psychische Entwicklung in den Griff bekommen haben.

Es gibt noch weitere Möglichkeiten, wie Sie mit Ihren Geistführern in Kontakt treten können:

- Laden Sie sie zu sich nach Hause ein.
- Treffen Sie sie in Träumen und Tagträumen.
- Öffnen Sie sich für unerwartete Besuche.
- Führen Sie Geistführer-Meditationen durch.
- Gehen Sie in der Natur mit Ihnen spazieren.
- Erschaffen Sie künstlerische Werke mit ihnen oder üben Sie mit ihnen.
- Machen Sie gelegentliche Frage-und-Antwort-Lesungen mit der Truppe.

Vergessen Sie nie, Ihre Absicht festzulegen, wenn Sie sich mit einem Geistführer verbinden. Suchen Sie ihre Hilfe, die Absicht, suchen Sie Führung und vertrauen Sie auf die Antwort, die Sie erhalten.

Wussten Sie, dass Sie sich mit Ihrem Geistführer verabreden können? Ja, das können Sie. Es ist genauso, wie wenn Sie sich mit jemandem verabreden, den Sie gerade erst kennengelernt haben, um ihn besser kennenzulernen.

Verabredungen mit Ihren Geistführern sind Ihre Art, eine Beziehung und Bindung zu ihnen aufzubauen. Der Schlüssel zum Aufbau einer echten Verbindung mit Ihren Geistführern liegt darin, Ihre Beziehung zu ihnen so zu behandeln, wie Sie alle Ihre anderen Beziehungen behandeln. Auf diese Weise können Sie Spaß haben und gleichzeitig Ihre übersinnlichen Fähigkeiten entwickeln.

Fünfzehn bis dreißig Minuten sind eine angemessene Zeit, die Sie mit Ihren Geistführern verbringen können. Da montags bis freitags in der Regel viel Arbeit und andere Dinge anstehen, ist es gut, wenn Sie den Samstag für Ihr wöchentliches Treffen mit Ihren Geistführern wählen.

Wenn Sie dies zum ersten Mal versuchen, kann es sein, dass Ihnen der/die Führer nicht erscheinen. Stattdessen bekommen Sie vielleicht ein Gefühl von Energie um sich herum. Ein anderes Mal sehen Sie vielleicht eine Silhouette. Nach und nach werden sich Ihnen die Führer früher oder später offenbaren.

Wenn Sie sich verabreden, müssen Sie Fragen stellen, um die Person kennen zu lernen. Genauso wie Sie Fragen stellen würden, um mehr über die Person zu erfahren, die Sie gerade getroffen haben, können Sie auch Ihrem Führer Fragen stellen. Während Ihrer Zeit mit ihnen können Sie Fragen stellen wie:

- Wie ist Dein Name?
- Kannst Du Dich mir enthüllen?
- Haben wir ein früheres Leben miteinander verbracht?
- Warum hast Du Dich entschieden, mein Geistführer zu sein?
- Welche Information würdest Du mir jetzt gerne mitteilen?

Je mehr Sie über die Führer wissen, desto besser können Sie sich mit ihnen verbinden und eine Bindung zu ihnen aufbauen. Das Kennenlernen und Verstehen Ihrer Geistführer ist ein fortlaufender Prozess. Halten Sie die Gedanken und Eindrücke, die Sie von den Führern bei Ihren „Verabredungen" erhalten, fest. Da Sie wahrscheinlich mehrere Führer haben werden, sollten Sie verschiedene Abschnitte für die Aufzeichnung Ihrer Interaktionen mit jedem Führer vorsehen.

Im Folgenden finden Sie eine schrittweise Anleitung, wie Sie Ihren Geistführer in Ihr Haus einladen und mehr über ihn erfahren können.

Richten Sie die Umgebung her

Wie bei jeder psychischen oder spirituellen Zeremonie ist das Aufräumen Ihrer Umgebung der erste Schritt, um einen Geistführer in Ihr Haus einzuladen. Ihr heiliger Raum sollte sauber und ordentlich sein, ohne jeden Anflug von Unordnung. Zünden Sie eine oder zwei Kerzen im Raum an, dimmen Sie das Licht und schaffen Sie einen warm wirkenden Raum für Ihren Besucher. Die Stimmung im Raum sollte ruhig und friedlich sein. Fügen Sie Gegenstände hinzu, die viel Energie enthalten – sie werden dazu beitragen, eine hohe Schwingung um Sie herum aufrechtzuerhalten. Noch wichtiger ist jedoch, dass sie die von Ihnen gesetzte Absicht verstärken.

Legen Sie die Absicht fest

An diesem Punkt müssen Sie erkannt haben, dass alle spirituellen Bestrebungen eine klare Absicht voraussetzen. Die Absicht sollte angeben, mit wem Sie eine Verbindung herstellen wollen und welche Fragen Sie an ihn richten. Mit einem klaren Fokus können Sie die am besten geeigneten Wesenheiten herbeirufen, um Sie zu beraten oder Ihre Fragen zu beantworten. Wenn Sie Selbstheilung wünschen, kann sanfte, liebevolle Energie der richtige Geist sein, den Sie anrufen. Wenn Sie tiefgreifende spirituelle Lehren benötigen, ist es sinnvoller, einen Aufgestiegenen Meister wie Buddha zu rufen. Mit einer reinen und geradlinigen Absicht können Sie die reine Energie des am besten geeigneten Führers anziehen, um Ihnen zu helfen.

Üben Sie Geduld

Bei diesem Prozess gibt es keine Eile. Er ist einfach und geradlinig, aber manche Menschen versuchen, ihn zu überstürzen. Tun Sie das nicht. Geistführer haben es nicht eilig – sie nehmen sich Zeit, um zu erscheinen und Botschaften zu senden. Alle Informationen, die Ihr Führer für Sie hat, werden Sie sanft wie ein Windhauch umspülen. Vermeiden Sie es, Erwartungen zu stellen. Beginnen Sie mit Geduld und Vertrauen, und Sie werden mit den geistigen Kräften um Sie herum kommunizieren.

Entspannen Sie sich und atmen Sie

Die Atmung ist bei psychischen Zeremonien und Aktivitäten von grundlegender Bedeutung. Es ist der perfekte Weg, um sich in einen geistigen Zustand zu versetzen, der mit dem höherdimensionalen Wesen in Resonanz steht, mit dem man sich verbinden möchte. Es ist auch der sicherste Weg, sich in der Gegenwart zu erden, was wichtig ist, wenn man sich mit Führern verbindet. Mit jedem tiefen Atemzug vertieft sich Ihr Bewusstsein und wird entspannter. Es gibt weder Anspannung noch Stress. Wenn Sie sich in Ihrem Körper verspannt fühlen, dehnen Sie sich kurz, um die Symptome zu lindern. Hinlegen funktioniert auch, aber wenn Sie es sich zu bequem machen, könnten Sie einschlafen. Um die Pfade zu den Geistern zu öffnen, müssen Sie die Stille des Atems erreichen. An dem Ort, an dem es kein geistiges Geschwätz gibt, werden Sie Ihren Führern begegnen.

Segnen Sie sich selbst

Sich selbst und seinen Raum zu segnen ist eine Möglichkeit, sich zu schützen. Wie bei jeder spirituellen Arbeit müssen Sie Schutz suchen, wenn Sie Ihren Geistführern begegnen. Stellen Sie sich selbst in einem Strom aus weißem Licht vor. Lassen Sie das Licht alles wegspülen, was nicht dem höchsten Gut entspricht. Wenn Sie damit fertig sind, entspannt sind und sich in einem geistigen Zustand befinden, in dem Sie ein höheres Wesen empfangen können, bitten Sie Ihren Geistführer, zu Ihnen zu kommen.

Stimmen Sie einen heiligen Gesang an

Singen Sie „Om", um eine Verbindung zwischen Ihrer Energie und der des Göttlichen herzustellen. Der heiligste Klang ist Ihre Stimme. Das Singen eines Mantras ist Ihre Art, die Klänge des Kosmos wiederzugeben. Es erhöht Ihre Schwingungen und stimmt Ihre spirituelle Energie auf die mächtigsten Energien des Universums ein. Sie werden feststellen, dass das Singen das Tor zu Ihren Führern schneller öffnet.

Gehen Sie über die Schwelle

Wenn Ihr heiliger Raum mit tiefer Atmung und „Om" Gesang aktiviert wird, beobachten Sie eine Veränderung in Ihrer Energie und Ihrer Umgebung. Dies ist die Aktivierung Ihres „Lichtkörpers", der die Geistführer anziehen wird. Ihr Lichtkörper ist der Teil von Ihnen, der rein aus Geist besteht – konzentrieren Sie sich darauf. Stellen Sie sich vor, dass Sie durch ein geöffnetes Tor in die spirituelle Dimension gehen. Das ist Ihr Zugang zu dem Ort, an dem Sie Ihre Geistführer treffen können.

Bitten Sie die Geistführer hinein

Schließlich können Sie jeden Ihrer Geistführer anrufen, sei es Ihr Schutzengel oder Ihr Helferengel. Teilen Sie ihnen Ihre Absicht mit und erlauben Sie ihnen, sich Ihnen anzuschließen, falls sie es wünschen.

Wenn Sie keine ausdrückliche Erlaubnis erteilen, wird sich der Geist fernhalten, bis Sie es getan haben. Geben Sie einen Befehl oder eine ausdrückliche Einladung. Andernfalls werden Sie Ihre Zeit im heiligen Raum allein verbringen.

Öffnen Sie sich subtilen Schwingungen

Ihre Interaktionen mit Ihnen können als Eindrücke, Visionen, Gedanken oder Gerüche auftreten. Die Botschaften sind vielleicht nicht immer eindeutig. Achten Sie auf jedes Gefühl und jeden Gedanken, den Sie während Ihrer Zeit mit ihnen haben. Das ist ihre Art, direkt mit Ihnen zu kommunizieren.

Bitten Sie sie, ein Zeichen zu senden

Um sicher zu sein, dass Sie sich tatsächlich in der Gesellschaft Ihres Geistführers befinden, bitten Sie ihn, Ihnen Zeichen zu geben. Bitten ist nicht gleichbedeutend damit, ihnen zu sagen, was sie tun sollen. Es ist vielmehr Ihre Art, sich zu versichern, dass Ihr Glaube und Ihr Vertrauen in sie noch stärker werden können. Sie werden alles, worum Sie sie bitten mit Freude erfüllen.

Bitten Sie um einen Segen

Bei Ihrem ersten Treffen oder Ihrer ersten Verabredung ist es erlaubt, um einen Segen oder eine Botschaft zu bitten. Erinnern Sie sich daran, dass Ihre Geistführer Ihnen dienen und dass sie nur so helfen können, wie Sie sie darum bitten. Solange Sie noch verbunden sind, können Sie um Führung, Einsicht oder einen Ausblick auf die Zukunft bitten. Sie können den Geistführer bitten, Ihre Fähigkeiten im Mediumismus zu aktivieren, um Ihren übersinnlichen Entwicklungsprozess zu beschleunigen.

Zeigen Sie Dankbarkeit

Jeder liebt es, gewürdigt zu werden. Es ist ein tolles Gefühl, von jemandem, dem man gerade geholfen hat, ein „Danke" zu hören. Bedanken Sie sich also bei Ihrem Führer dafür, dass er sich die Zeit genommen hat, Sie zu treffen und Ihnen göttliche Führung zu geben. Dankbarkeit auszudrücken mag wie eine kleine Geste erscheinen, aber es ist der beste Weg, sich ihr Wohlwollen zu sichern und dafür zu sorgen, dass sie bei Ihrem nächsten Treffen auftauchen.

Rückkehr

Kehren Sie durch dieselbe Tür, durch die Sie gekommen sind, in diese Dimension zurück. Es ist äußerst wichtig, dass Sie den Weg zurückgehen, den Sie gekommen sind. Warten Sie einige Minuten, bis Sie wieder vollständig in Ihrer materiellen Form sind. Halten Sie die Erfahrung in Ihrem Tagebuch fest und machen Sie dann ein Nickerchen. Öffnen Sie sich, um die Erfahrung auf jeder Ebene Ihres physischen Seins zu empfangen.

Der heilige Raum, in dem Sie sich zum ersten Mal treffen, ist derselbe Ort, zu dem Sie jedes Mal zurückkehren werden, wenn Sie die Kommunikation mit Ihrem Geistführer suchen. Gehen Sie nicht nur hin, wenn Sie Hilfe brauchen, sondern manchmal auch, um Zeit mit Ihrem spirituellen Team zu verbringen.

Versuchen Sie also nicht, alle Ihre Geistführer auf einmal anzurufen. Ihre Energieschwingung kann das nicht bewältigen. Die höchste Anzahl von Geistern, die Sie auf einmal einladen können, sollte zwei sein. Sie können diese Zahl erhöhen, wenn Sie auf Ihrer spirituellen Lernreise Fortschritte machen. Mit der Zeit wird sich Ihre Fähigkeit, intuitive und übersinnliche Botschaften zu empfangen, über das Ritual hinaus entwickeln, und schon bald werden Sie ständig Botschaften erhalten – ob mit oder ohne Ritual.

Kapitel Elf: Die Arbeit in spirituellen Kreisen

„Der Tod ist ein Eingang zur Erfahrung und nicht ein Ausgang aus ihr."
—Charles Lindbergh

Die spirituelle Entwicklung ist kein einfacher Weg. Sie ist etwas, das viele Menschen nicht verstehen. Wenn Sie nicht in einem Elternhaus aufgewachsen sind, das eine Neigung zu Geistern hatte, haben Sie vielleicht keine Familienmitglieder und Freunde, die Ihnen als spirituelles Unterstützungssystem dienen. Dennoch ist es wichtig, Menschen zu haben, die ähnliche Interessen wie Sie haben. Gemeinsam können Sie daran arbeiten, die beste Version Ihrer selbst zu werden. Aber wie findet man solche Menschen? Das ist die Aufgabe eines spirituellen Kreises.

Ein spiritueller Kreis ist eine spirituelle Entwicklungsgruppe, die aus 6 bis 8 Personen besteht, die gemeinsam das Ziel haben, sich geistig, emotional und spirituell zu entwickeln. Als neues Medium ist der Beitritt zu einem spirituellen Kreis offen gesagt der beste Schritt, den Sie unternehmen können, um Ihren Weg allein zu gehen. Ohne gleichgesinnte Geister, die Sie informieren und Ihnen den Weg weisen, wissen Sie vielleicht nicht, wann Sie etwas falsch machen.

Der Beitritt zu einem Kreis hilft Ihnen, im Geiste zusammenzukommen und ein gemeinsames Interesse zu fördern. Aber Sie können mehr als nur das tun. In einer Entwicklungsgruppe können Sie über Ihre spirituelle Reise sprechen und Erfahrungen weitergeben.

Ein Vorteil der Teilnahme an einem spirituellen Entwicklungskreis ist es, Einblicke von Menschen zu erhalten, die sich in der gleichen Situation befunden haben, in der Sie sich jetzt befinden.

In der Gruppe können die Mitglieder auch alle Techniken, Methoden und Geheimnisse, die sie über Mediumismus und psychische Entwicklung gelernt haben, anwenden. Vielleicht lehrt Sie jemand eine neue Methode, die Sie noch nicht kennen, oder Sie können sogar derjenige sein, der Ihren spirituellen Partnern mit den Informationen hilft, die sie noch nicht haben.

Ein Kreis ist als Transformationsebene gedacht, auf der Sie Zeit und Raum für Heilung erschaffen können. In der Regel gibt es ein fortgeschrittenes Medium, das mehr Erfahrung hat als alle anderen in einem Kreis. Das Medium kann Anfängern mit Heilung und Führung helfen, um ihre Reise erträglicher und angenehmer zu machen.

Ein weiterer Vorteil ist, dass ein Entwicklungskreis ein Ort ist, an dem die Mitglieder abwechselnd lehren können. Man muss nicht viel wissen, sondern nur genug. Indem Sie Ihre Partner unterrichten, können Sie sich selbst informieren und mehr lernen. Wenn Sie Ihrer Gruppe eine bestimmte Methode beibringen, erweitern Sie Ihr Wissen über diese Methode oder das Thema im Allgemeinen.

Setzen Sie einen spirituellen Kreis nicht mit einem Kurs gleich – sie sind unterschiedlich. Ein Kurs ist ein Ort, an dem Sie von einer anderen Person über ihren spirituellen Weg lernen können. Normalerweise gibt es keine Diskussionen. Bei einem Kreis hingegen finden wöchentliche oder monatliche Sitzungen statt, bei denen eine oder mehrere Personen den Rest der Gruppe unterrichten. Letztendlich liegt die Entscheidungsgewalt aber bei allen oder den meisten Mitgliedern.

Als neues Medium finden Sie vielleicht keinen bestehenden Kreis, dem Sie sich anschließen können. Da spirituelle Kreise nicht mehr als acht Mitglieder haben dürfen, ist es unwahrscheinlich, dass Sie eine Gruppe finden, die einen Platz für Sie frei hat. Das bedeutet, dass Sie Ihren eigenen Kreis gründen oder sich mit einer anderen Person zusammenschließen müssen, um eine Gruppe zu bilden. Ihr Kenntnisstand spielt keine Rolle. Was zählt, ist die Gemeinschaft, die Sie anderen neuen Hellsehern und Medien wie Ihnen bieten werden.

Als Anfänger können Sie einen spirituellen Kreis jedoch nicht allein leiten. Bis Sie einen bestimmten Punkt auf Ihrer Reise erreicht haben, müssen Sie ein fortgeschrittenes Medium finden. Dieses Medium sollte ein erfahrenes Medium sein, das daran interessiert ist, anderen Menschen zu helfen, ihre Gaben zu entwickeln und auf ihrem Weg voranzukommen.

Denken Sie über die Struktur Ihres spirituellen Kreises nach, bevor Sie ihn gründen. Einige dieser Entscheidungen müssen vor dem ersten physischen Treffen des Kreises getroffen werden. In der Zwischenzeit können Sie mit anderen Mitgliedern im Internet diskutieren. Es gibt Networking-Apps für Hellseher, um sich zu vernetzen und gemeinsam über spirituelle Entwicklung zu diskutieren. Das Richtige ist, sich mit Hellsehern und Medien in Ihrer Umgebung zu vernetzen und zu sehen, wer daran interessiert ist, Ihrer Entwicklungsgruppe beizutreten.

Setzen Sie Ihr erstes Treffen erst an, wenn Sie die Struktur der Gruppe besprochen und vereinbart haben. Allzu oft habe ich erlebt, dass Menschen einen spirituellen Zirkel ins Leben gerufen haben, ohne eine Richtung zu kennen. Wenn Sie diesen Weg einschlagen, kann es passieren, dass sich Ihre Gruppe aufspaltet.

Als Pionier sollten Sie sich die Struktur überlegen. Sie wissen bereits, dass Sie nicht mehr als acht Mitglieder haben sollten. Überlegen Sie auch, wie viele Stunden Sie pro Woche investieren möchten. Sprechen Sie sich mit allen ab und wählen Sie einen Tag, der für Sie und alle anderen passt. Ein typischer Kreis dauert bis zu zwei Stunden, in denen Sie verschiedene übersinnliche Fähigkeiten üben können. Die Gruppe kann sogar gemeinsam eine Séance abhalten.

Welche Dinge sind bei der Entscheidung über die Zusammensetzung des Kreises zu klären?

- Wie oft, wo und für wie lange soll sich der Kreis treffen?
- Wer wird den Kreis moderieren?
- Welche Aktivitäten sollten im Rhythmus durchgeführt werden?
- Wird es eine Gebühr geben? Wofür wird das Geld verwendet?
- Wer ist für das Versenden von Erinnerungsschreiben an die Teilnehmer zuständig?
- Gibt es eine Voraussetzung für die Gruppe?
- Welches Maß an Engagement erwartet der Kreis von seinen Mitgliedern?
- Können Mitglieder später kommen oder früher gehen?
- Wie weit werden die Praktiken gehen?

Es sollte ein Format geben, in dem festgelegt ist, welche Fertigkeiten zuerst und wann geübt werden. Um zu verhindern, dass es langweilig wird, sollten Sie die Fähigkeiten jede Woche wechseln. In den meisten Kreisen wird das Format normalerweise in zwei Bereiche eingeteilt: persönliche Entwicklung und geistige Entwicklung.

Im Bereich der persönlichen Entwicklung geht es darum, Ihr Denken zu schärfen, Ihre Argumentationsfähigkeit zu verbessern und ein besseres emotionales Verständnis zu entwickeln. Die Sitzungen zur spirituellen Entwicklung zielen darauf ab, die Natur des Universums zu verstehen und sich auf Ihre Beziehung zu Ihrem höheren Selbst und dem Göttlichen einzulassen.

Erstellen Sie ein Kreisformat, das alle Teilnehmer in der Gruppe leicht nachvollziehen können und drucken sie es aus. Denken Sie daran, dass die Teilnehmer jeden Hintergrund haben können, aber am besten ist es, wenn sie mindestens 18 Jahre alt sind. Das Format sollte dem Kenntnisstand aller Mitglieder entsprechen. Das Wichtigste ist, dass jede Übung auf ein Gleichgewicht zwischen persönlicher und spiritueller Entwicklung ausgerichtet ist. Betonen Sie, dass die spirituelle Entwicklung ein einzigartiger und persönlicher Prozess ist und dass die Teilnehmer daher ihre Fähigkeiten verbessern sollten, anstatt zu versuchen, besser zu sein als andere Mitglieder.

Ein Standardformat für einen spirituellen Kreis sollte Folgendes umfassen:

- **Eröffnungsgebet:**

    Rezitieren Sie dies zu Beginn, um dem Göttlichen für Ihre Lebenserfahrungen und Ihr körperliches/geistiges Wohlergehen zu danken. Das Gebet sollte jeden einbeziehen.

- **Meditation:**

    Die Teilnehmer müssen lernen, ihren Geist in Erwartung spiritueller Erfahrungen zu beruhigen, was die Meditation zu einem wesentlichen Bestandteil des Prozesses macht. Ein entspannter Körper und ein ruhiger Geist haben viele Vorteile, wie Sie bereits erfahren haben.

- **Spirituelle Lesungen:**

    Die Teilnehmer sollten gegenseitig Lesungen durchführen, um ihre Fähigkeit zur Kommunikation mit dem Geist zu entwickeln.

- **Heilung:**
  Die Mitglieder sollten untereinander Heilenergie kanalisieren. Das kann helfen, ihre Fähigkeit zur praktischen Heilung zu stärken.
- **Pendel-Lesung:**
  Pendel können Geister *channeln* und beschwören. Gemeinsam können die Mitglieder lernen, wie sie damit mit ihren Führern und anderen Geistern kommunizieren können.
- **Aura-Lesung:**
  Gemeinsam können die Mitglieder das Energielesungen üben, indem sie an den Energiefeldern der anderen arbeiten. Sie können eine Skizze oder einen Leitfaden für die Schritte des Aura-Lesens erstellen.

Darüber hinaus können Sie sich darin üben, Ihre übersinnlichen Fähigkeiten wie Hellsehen, Hellfühlen, Hellhören und Präkognition zu entwickeln. Übersinnliche Fähigkeiten wie Telepathie, Psychometrie, Mediumismus usw. sollten ebenfalls auf der Liste der zu entwickelnden Fähigkeiten stehen.

Es gibt entscheidende Elemente, damit Ihr spiritueller Kreis so funktioniert, wie Sie es wünschen.

Als Erstes müssen der Zweck und die Methode des Kreises geklärt werden. Das mag selbstverständlich erscheinen, aber es ist hilfreich, dies zu betonen. Niemand möchte wertvolle Zeit damit verbringen, quer durch die Stadt zu fahren, um dann festzustellen, dass sein Mediumismus-Kreis für Druidentum steht. Geben Sie den Leuten nicht das Gefühl, dass der Kreis eine Zeitverschwendung ist.

Zweitens müssen Integrität und Transparenz bei der Einrichtung der Gruppenstruktur gegeben sein. Die Machtverteilung sollte den Mitgliedern klar sein, um ein klares Machtgefüge zu ermöglichen. Die Klärung der Struktur für alle ist der Schlüssel zur Entwicklung der Bindung der Gruppenmitglieder. Sie hilft auch, Missverständnisse und unnötige Konflikte zu vermeiden. Konflikte lassen sich nicht vermeiden, daher müssen Sie Richtlinien für die Lösung von Konflikten aufstellen.

Die Mitglieder können jederzeit austreten, so dass die Gruppe offen für neue Mitglieder sein sollte. Die Struktur sollte gleich bleiben, unabhängig davon, wer geht und wer beitritt. Eine formale Machtstruktur, die die Machtteilung fördert, verhindert den

Machtmissbrauch durch Mitglieder mit Machtbefugnissen.

Sie werden feststellen, dass jeder Kreis seinen eigenen Geist hat. Je häufiger Sie sich treffen, desto stärker wird der Geist werden. Raten Sie den Mitgliedern, die führende Kraft des kollektiven Geistes anzuzapfen, um ihre Energie zu stärken.

Das Ziel eines spirituellen Kreises ist es, den Teilnehmern die Möglichkeit zu geben, ihre übersinnlichen, spirituellen und medialen Gaben kontinuierlich zu entwickeln. Arbeiten Sie jede Woche mit den Mitgliedern an verschiedenen Dingen. Die Mitglieder sollten auch ihre individuellen Erfahrungen auf ihrer Reise teilen, um andere Mitglieder zu inspirieren und zu motivieren, weiterzumachen.

Sie können lernen, sich mit Ihren Geistführern und geliebten Menschen, die in die andere Dimension übergegangen sind, mit Gleichgesinnten zu verbinden.

Sie können auch eine App verwenden, um Menschen zu treffen, die sich Ihrem spirituellen Kreis anschließen möchten. Im Internet finden Sie verschiedene Apps, die sie ausprobieren können.

Kapitel Zwölf: Verbessern Sie Ihre übersinnlichen Fähigkeiten

„Eine der nützlichsten und wichtigsten Möglichkeiten, seine übersinnlichen Gaben zu nutzen, besteht darin zu lernen, zu lesen, was in seinem eigenen Körper geschieht."

—Catherine Carrigan

Sie können Ihre übersinnlichen Fähigkeiten auf verschiedene Weise verbessern. Dieses Kapitel konzentriert sich auf zwei Dinge, die Sie tun können, um Ihre übersinnlichen Kräfte zu fördern - Präkognition und die Verwendung ätherischer Öle.

Präkognition ist die Gabe des inneren Wissens. Sie befähigt Sie dazu, Dinge intuitiv zu wissen, ohne dass sie auf Vernunft und Logik beruhen. Eine präkognitive Erfahrung wird bei Ihnen den Gedanken auslösen: „Wow, woher wusste ich das?"

Hellseherisches Wissen ist eine großartige Fähigkeit, die auf Ihrer spirituellen Reise den Unterschied ausmachen kann. Möglicherweise haben Sie schon hellseherische Erfahrungen gemacht. Denken Sie an das eine Mal, als Sie beschlossen haben, nicht den üblichen Weg zur Arbeit zu nehmen, und dann feststellten, dass es auf dem Weg dorthin einen langen Stau gab. Oder vielleicht wussten Sie, dass Sie Ihrem neuen Welpen eine bestimmte Futtermarke nicht geben sollten, nur um dann festzustellen, dass er gegen eine Zutat allergisch ist.

Die Präkognition hat sich in Ihrem Leben wahrscheinlich auf verschiedenen Wegen manifestiert. Lassen Sie uns eintauchen in die

Frage, wie sie Ihnen helfen kann, Ihre hellseherische Entwicklung und Ihre Reise im Mediumismus voranzutreiben.

Oft verwechseln Menschen Präkognition und Hellfühligkeit miteinander. Dies geschieht, weil beide übersinnlichen Fähigkeiten als „Bauchgefühl" dargestellt werden. Die Unterscheidung zwischen den beiden ist wichtig. Wenn Sie das nicht tun, kann es zu einer Verwechslung kommen, welche Ihre dominante hellseherische Fähigkeit ist.

Die geistige Gabe des inneren Fühlens lässt Sie spüren, dass jemand unehrlich sein könnte, während das innere Wissen Sie es wissen lässt. Fühlen unterscheidet sich vom Wissen. Wenn Sie von jemandem oder etwas überzeugt sind, können Sie Ihre Überzeugung nicht abschütteln. Dies wird als Präkognition bezeichnet. Hellfühlig ist man hingegen, wenn man ein starkes Gefühl für etwas hat. Die Gefühle können flüchtig sein, aber sie kommen zu Ihnen.

Wer präkognitiv veranlagt ist, erhält intuitive Botschaften auf drei Wegen. Der erste Weg ist über das Bauchgefühl. Das innere Wissen kommt manchmal aus dem Bauch heraus. Wenn man so etwas noch nicht erlebt hat, kann es schwierig sein, es zu beschreiben. Diejenigen, die diese Gabe haben, finden es schwer zu beschreiben oder zu erklären, dass sie keine logische Erklärung dafür haben. Sie entscheiden sich dafür, es als „Bauchgefühl" zu bezeichnen, weil das ein Konzept ist, das die meisten Menschen verstehen können, egal ob sie hellsehen können oder nicht. Hellsichtige Botschaften können sich jedoch so anfühlen, als kämen sie aus dem Bauch, weil dieser übersinnliche Sinn mit dem Solarplexus verbunden ist, der sich in der Nähe des Magens befindet.

Präkognitive Botschaften kommen manchmal „aus heiterem Himmel", das heißt, man kennt die Quelle oder den Ursprung nicht. Sie tauchen einfach aus dem Nichts in den Köpfen der Menschen auf und überraschen sie. Sie kommen oft, während Sie mit einer völlig anderen Tätigkeit beschäftigt sind, und unterbrechen Ihr Denken. Vielleicht sind Sie im Bad und machen sich für die Arbeit fertig, und dann kommt Ihnen der Gedanke: „Ich werde heute einen anderen Weg zur Arbeit nehmen." Wenn Sie dann feststellen, dass Ihr üblicher Weg blockiert ist, fragen Sie sich, warum Ihnen dieser Gedanke vorhin in den Sinn gekommen ist.

Die dritte Art und Weise, wie präkognitive Botschaften empfangen werden, ist im Schlafzustand. Sie gehen zum Beispiel ins Bett und denken über ein geschäftliches Problem nach, das Sie lösen müssen. Plötzlich wachen Sie aus dem Schlaf auf und haben eine brillante Lösung im Kopf. „Ich habe gar nicht nachgedacht. Woher kommt das?" Diese besondere Erfahrung ist mir schon oft passiert. Man wacht einfach auf und weiß Dinge, ohne zu wissen, wie oder wann sie einem in den Sinn gekommen sind.

Die Vorstellung, Botschaften zu erhalten, die man niemandem logisch erklären kann, ist schon ein wenig beängstigend. Und sie könnte sogar Ihr soziales Leben beeinträchtigen. Stellen Sie sich vor, Sie schreien Ihrem Freund „STOP" zu, der gerade dabei ist, unwissentlich einen lausigen Drink zu nehmen. Natürlich wird er Sie seltsam ansehen, auch wenn er Ihnen später dafür danken wird.

Wie alle intuitiven Botschaften kommen auch die Botschaften der Präkognition von den Geistführern, Ihrem spirituellen Team und Ihrem Höheren Selbst. Wenn Sie in Ihrer hellseherischen Praxis weit fortgeschritten sind, werden Sie das genaue Wesen verstehen, das für die Botschaften verantwortlich ist, die Sie erhalten. Es kann sein, dass Sie Botschaften erhalten, von denen Sie nicht wissen, wie Sie damit umgehen sollen. Die Bedeutungen werden sich Ihnen mit der Zeit erschließen.

Hier sind Anzeichen dafür, dass Sie hellsichtig sind:
- Sie wissen, wann jemand unaufrichtig oder falsch ist.
- Sie wachen oft mit brillanten Lösungen für schwierige Probleme auf.
- Sie erhalten intuitive Treffer aus heiterem Himmel, die sich stets als richtig herausstellen.

Auch wenn die Präkognition nicht Ihre primäre übersinnliche Gabe ist, tragen Sie sie dennoch in sich. Sie können also trotzdem daran arbeiten, sie zu entwickeln.

Das Training der Präkognition kann auf viele Arten erfolgen, aber Sie können sich auf zwei der effektivsten Methoden konzentrieren. Die erste besteht darin, die Hilfe Ihrer Geistführer in Anspruch zu nehmen, während die zweite darin besteht, durch Visualisierungsübungen Ihre Fähigkeiten zu verbessern. Als Bonus gibt es eine weitere Methode, die Sie weiter unten finden werden.

Entwicklung der Präkognition mit Hilfe Ihrer Geistführer

Sie haben bereits gelernt, wie Sie mit Ihren Geistführern in Kontakt treten können, aber wie können Sie sie zur Entwicklung einer bestimmten übersinnlichen Fähigkeit bewegen?

- Laden Sie Ihren Geistführer mithilfe der Anweisungen aus Kapitel 10 ein.
- Legen Sie als Absicht fest, dass Sie die Hilfe Ihres Führers bei der Entwicklung Ihrer Gabe der Präkognition suchen.
- Rufen Sie Ihre Geistführer an.
- Bitten Sie sie, Sie bei der Entfaltung Ihrer intuitiven Gaben zu unterstützen.
- Danken Sie ihnen, dass sie Ihrer Einladung gefolgt und Ihrer Bitte nachgekommen sind.

Verwenden Sie Kristalle und ätherische Öle während der Sitzungen mit Ihren Geistführern.

Visualisierungsübung zur Präkognition

Diese Übung sollte mit dem Führen eines Tagebuchs kombiniert werden, um die besten Ergebnisse zu erzielen.

- Nehmen Sie Ihr Tagebuch und einen Stift.
- Schreiben Sie darüber, wie Sie sich selbst sehen, wenn Sie Ihre Gabe der Präkognition verfeinert und verstärkt haben.
- Beschreiben Sie einen Aspekt Ihres Lebens, den Sie gerne verändern und positiv beeinflussen würden.
- Stellen Sie sich vor, wie Sie sich durch Ihr Geschenk des inneren Wissens fühlen und wie es Ihr tägliches Leben beeinflussen kann.
- Meditieren Sie über den Tag, den Sie gerade für sich beschrieben haben. Stellen Sie ihn sich dann in wohltuenden Details vor.
- Versetzen Sie sich in den Moment und stellen Sie sich vor, wie Sie sich fühlen, wenn Sie eine Präkognition haben.

Seien Sie bei der Meditation konkret, um Ihre Präkognition zu erhöhen.

Automatisches Schreiben

Automatisches Schreiben oder, wenn Sie es vorziehen, freies Schreiben ist eine produktive und unterhaltsame Art, Ihre Präkognition zu trainieren. Mit dieser Übung können Sie sich auf Ihre innere wissende Gabe einstimmen. Zu Beginn Ihrer spirituellen Entwicklungsreise werden Sie Ihr Bauchgefühl anzweifeln. Durch freies Schreiben gewinnen Sie Vertrauen in die Botschaften, die Sie erhalten, und – was noch wichtiger ist – Sie erhalten direkte Antworten von Ihren Geistführern und Ihrem Höheren Selbst.

Hier erfahren Sie, wie Sie mit dem automatischen Schreiben üben können:

- Nehmen Sie Ihr Notizbuch und einen Stift. Stellen Sie Ihrem Geistführer eine Frage, bevor Sie zu schreiben beginnen.
- Setzen Sie den Stift aufs Papier und schreiben irgendetwas nieder, was Ihnen in den Sinn kommt. Schreiben Sie einfach und lassen Sie sich treiben, selbst wenn Sie der Ansicht sind, dass es Unsinn ist.

Das Geschriebene ergibt für Sie vielleicht nicht sofort einen Sinn, also lassen Sie sich Zeit. Im Laufe der nächsten Tage oder Wochen wird sich Ihnen der Sinn nach und nach erschließen. Bei Ihren ersten Versuchen mag Ihnen diese automatische Schreibübung absurd erscheinen. Diese ersten Versuche dienen jedoch dazu, Ihr Unterbewusstsein zu entlasten, bis es bereit ist, wertvolle Informationen aufzunehmen. Bald werden Ihre Notizen mit Dingen gefüllt sein, die für Sie absolut Sinn machen. Sie werden klare und prägnante präkognitive Botschaften erhalten, und Ihre hellseherischen Fähigkeiten werden sich verbessern.

Ätherische Öle

Ätherische Öle haben mehrere Arten von hervorragenden Vorteilen für angehende und etablierte spirituelle Medien. Die richtigen Ölkombinationen können Ihnen helfen, viele Ihrer intuitiven Fähigkeiten zu erreichen. Sie sind ein Muss für jeden, der sich im Mediumismus ausbilden will. Ob Sie sie auf Ihre Haut auftragen oder Ihre Kristalle damit einreiben, es gibt mehr als eine Möglichkeit, ihre Vorteile zu nutzen.

Die Sache ist die: Sie können nicht einfach ätherische Öle auftragen und erwarten, dass sie Ihre übersinnlichen Kräfte verstärken. Sie müssen die Absicht festlegen. Die Absichtserklärung ist der Schlüssel zu übersinnlichen Ritualen und Zeremonien.

Alle ätherischen Öle haben mehrere Funktionen, und sie sind alle für die psychische Entwicklung geeignet. Doch einige dieser Öle sind wirksamer als andere. Auch hier muss Ihre Absicht klar sein, damit Sie von den kraftverstärkenden Vorteilen profitieren können.

Es gibt unzählige Öle, aber woher wissen Sie, welche gut für Sie sind? Bevor ich fortfahre, möchte ich Sie darauf hinweisen, dass es keine perfekten Öle gibt. Überfordern Sie sich nicht mit dem Versuch, die perfekten Öle auszuwählen. Lassen Sie sich stattdessen von Ihrer Intuition zu den Ölen führen, die Ihnen am meisten nützen werden. Probieren Sie auch die Öle aus, mit denen Sie sich mehr verbunden fühlen als mit anderen.

Die folgenden Öle sind am besten geeignet, um sich zu erden und zu zentrieren und gleichzeitig Ihre Intuition und Ihren Sinn für Klarheit zu fördern. Es steht Ihnen frei, die Öle je nach Stimmung, Aktivität und Jahreszeit zu verwenden.

1. **Zedernholz:** Mentale Entrümpelung ist für das psychische Training sehr wichtig. Dieses ätherische Öl kann Ihnen helfen, sich von mentalem Durcheinander zu befreien, um die ultimative Klarheit zu erlangen, die Ihre Seele braucht. Fügen Sie es zu Ihrer Sammlung hinzu.

2. **Ätherisches Rosenöl:** Wenn Sie Ihre Verbindung zu Ihrem Höheren Selbst stärken und gleichzeitig die Harmonie zwischen all Ihren sechs übersinnlichen Fähigkeiten verbessern wollen, ist dieses Öl genau das Richtige für Sie. Das Rosenöl kann Ihre Fähigkeiten in erheblichem Maße verstärken, und die Wirkung ist nicht vorübergehend.

3. **Zitrusöl:** Ich bin überzeugt, dass jeder Hellseher Zitrusöl in seiner Sammlung hat. Seine Vorteile sind einfach zu unglaublich, als dass man es aus seiner Liste streichen könnte. Der lebhafte Zitrusduft hilft, einen wachen und präsenten Geist zu fördern, den man während des Trainings der psychischen Übungen braucht.

4. **Kamille:** Kamillentee zu trinken ist gut, aber das Öl ist noch besser. Wie der Tee hat auch die Kamille eine stark beruhigende Wirkung, die dazu beitragen kann, Ihren Geist von Ängsten zu befreien und ihn für die Wahrheit zu öffnen.

Wenn Sie an Ihren Fähigkeiten zweifeln oder Angst haben, geben Sie etwas Kamille in Ihr Badewasser oder reiben Sie es auf Ihre Haut. Die Angst wird sich verflüchtigen.

5. **Pfefferminzöl:** Die meisten übersinnlichen Medien nehmen Pfefferminzöl in ihre Sammlung auf, weil es so gut riecht, aber das ist nicht der einzige Grund. Der Geruch ist dafür bekannt, dass er den Geist sofort aufweckt und die Konzentration erhöht. Er ist so stark, dass Pfefferminzöl Ihnen helfen kann, sich zu konzentrieren, wenn Sie mit Geistern kommunizieren. Der Duft, den die Pfefferminze Ihrem Zuhause verleiht, ist nur ein zusätzlicher Vorteil.

6. **Lavendelöl:** Dieses Öl wird aufgrund seiner beruhigenden Eigenschaften oft als Schlafmittel empfohlen. Es kann Ihnen helfen, sich zu entspannen und die Kontrolle abzugeben, wenn Sie mit Ihren Geistführern in Kontakt treten. Es ist das richtige Öl, um es während des Tagebuchschreibens oder der Visualisierungspraxis zu zerstäuben.

7. **Weihrauch:** Die fantastischen erdenden Eigenschaften dieses Öls sind ein Grund dafür, dass es zu Ihrer täglichen Routine gehören sollte. Verwenden Sie es immer dann, wenn Sie das Gefühl haben, keinen Kontakt zu Ihrer inneren Psyche zu haben.

8. **Rosmarin:** Dieses ätherische Öl ist eine perfekte Alternative für Salbei. Wenn Sie den Geruch von brennendem Salbei nicht mögen, sollten Sie sich für Rosmarinöl entscheiden, um schädliche Geister und Energien aus Ihrem Leben fernzuhalten. Außerdem können Sie damit Ihr drittes Auge öffnen und die Hellsichtigkeit verbessern.

9. **Jasmin:** Erinnern Sie sich daran, dass übersinnliche Botschaften manchmal im Traumzustand kommen? Nun, dies ist das perfekte Öl, um Ihnen zu helfen, präzisere Botschaften in Ihren Träumen und Tagträumen zu erhalten. Verströmen Sie jeden Abend vor dem Schlafengehen etwas Jasminöl, um sich an Traumbesuche zu erinnern.

10. **Sandelholz:** Dies ist ein Öl, das starke reinigende Eigenschaften hat. Sie können sich mit Sandelholz von Negativem aus der Vergangenheit befreien – ein entscheidender Schritt zum psychischen Erwachen.

Das Beste an ätherischen Ölen ist, dass Sie sie jederzeit anwenden können. Im Folgenden finden Sie eine einfache Übung zur sicheren und korrekten Anwendung Ihrer ätherischen Öle.

- Setzen Sie sich an Ihren heiligen Meditationsplatz.
- Geben Sie sechs Tropfen des Öls Ihrer Wahl in Ihren Diffusor und konzentrieren Sie sich innerlich.
- Führen Sie eine einfache Meditation durch und legen Sie Ihre Absicht fest.
- Versuchen Sie eine der spirituellen Übungen, die Sie in diesem Buch gelernt haben.
- Führen Sie ein Tagebuch oder meditieren Sie, um mit Ihren Geistführern zu kommunizieren.

Sie können die ätherischen Öle auch auf andere Weise verwenden:

- Zerstäuben Sie es, bevor Sie eine Aktivität beginnen.
- Träufeln Sie ein wenig Öl in Ihr Badewasser.
- Sprühen Sie es auf ein Stück Stoff und legen Sie es unter Ihr Kopfkissen, bevor Sie schlafen gehen.
- Geben Sie ein wenig ätherisches Öl in eine Trägersubstanz und reiben Sie damit die Stellen ein, auf die Sie normalerweise Ihr Parfüm auftragen.

Die spirituelle Reise zum Mediumismus ist nicht etwas, das Sie an einem Wochenende meistern können. Lassen Sie Raum für Wachstum, während Sie üben. Erlauben Sie sich, zu experimentieren, zu scheitern und es erneut zu versuchen. Denken Sie daran, dass die psychische Entwicklung manchmal Jahre dauern kann.

Schlussbemerkung

Mediumismus ist eine interessante und großartige Gabe, die es zu meistern gilt. Die ersten Male, in denen Sie sich mit der Geisterwelt verbinden, können Sie in Ehrfurcht versetzen. Sie haben vielleicht das Gefühl, keine Kontrolle über das zu haben, was Sie empfangen. Oder vielleicht fühlen Sie keinen Fluss bei Ihren Lesungen. Egal, wie Sie sich am Anfang fühlen, Sie werden Ihre Gabe genießen und schätzen lernen. Die Tatsache, dass Sie mit Ihrer Gabe Ihr Leben und das ganze Universum beeinflussen können, wird Sie während Ihrer Ausbildung inspirieren.

Hier ist ein weiteres Buch von Mari Silva, das Ihnen gefallen könnte

Literatur

Clairvoyance | psychology. (n.d.). Encyclopedia Britannica.
https://www.britannica.com/topic/clairvoyance

Doors To Other Worlds by Buckland, Raymond. (n.d.). Www.biblio.com.
https://www.biblio.com/doors-to-other-worlds-by-buckland-raymond/work/991425

Medium | occultism. (n.d.). Encyclopedia Britannica.
https://www.britannica.com/topic/medium-occultism

Mediumship Quotes (14 quotes). (n.d.). Www.goodreads.com.
https://www.goodreads.com/quotes/tag/mediumship

ThriftBooks. (n.d.). Reunions: Visionary Encounters with... book by Raymond A. Moody Jr. ThriftBooks. https://www.thriftbooks.com/w/reunions-visionary-encounters-with-departed-loved-ones_raymond-a-moody-jr/292870/#edition=2269514&idiq=1005995

www.ingramcontent.com/pod-product-compliance
Lightning Source LLC
Chambersburg PA
CBHW072154200426
43209CB00052B/1176